어떻게
좀 해봐요,
점장님!

어떻게
좀 해봐요,
점장님!

다카하시 스스무 지음 | 진준희 옮김

아카데미북

고객을 경영의 중심으로

"이 내용 정말 재미있네요. 꼭 책으로 출판하세요."

"고객과 직원 간에 의견을 주고받는 것이 매우 신선하게 생각됩니다. 다른 상점이나 백화점 등 모든 서비스 업종에서 이런 자세를 본받았으면 좋겠습니다."

"이러한 정보를 공개하는 용기에 찬사를 보냅니다. 이것은 사회 전체가 바라는 일입니다. 앞으로도 열심히 해주십시오."

이 같은 내용의 의견 카드는 쟈스코 전 지점의 고객들로부터 받은 것이다. 내가 이 일을 처음 시작한 12년 전에는 보기 드문 일이었던 모양이다.

나는 고객의 모든 의견 카드(의견이나 바라는 사항은 물론, 고충 상담과 익명의 카드도 포함)에 직접 회답을 쓰고, 점 내에서 가장 눈에 잘 띄는 장소에 게시하여 공개했다. 처음에는 기업의 부끄러운 점이나 내부 정보까지 공개하는 것은 너무 지나친 처사가 아니냐, 실수한 종업원이 불쌍하다는 등의 내부 불만도 있었다. 하지만 나는 점장으로서, 고객이 한번 다녀간 뒤에 다시 오지 않는 상태를 어떻게 해서든지 개선하고 싶었고, 고객의 속마음을 알려면 어떻게 해야 할까 늘 고민하고 있었다. 그러던 중 고객의 눈으로 볼 수 있다면 여러 가지 것들에 대한 평가를 할 수 있고 배울 수 있는 좋은 기회가 될 것이라는 생각이 들었다.

그 첫 단계로, 궁금한 사항에 대한 질문이나 의문점, 제안, 고충 등을 고객에게 직접 듣고, 그것을 고객의 입장에서 생각해 보기로 했다. 하지만 고객과의 개별적인 대화보다는 좀 더 많은 고객이 매장의 운영에 참가할 수 있는 방법을 원했기 때문에 여러 방법들을 생각하다가 '의견 카드 회답 공개' 제도를 실시하게 되었다. 이것은 고객의 입장에서 보면 '알 권리'이며, 기업은 '설명해야 하는 의무'에 해당한다. 이 제도의 내용을 정리해 보면 다음과 같다.

점포 영업을 주로 하는 소매 기업으로서 눈앞에 있는 고객과 어떤 방법으로 대화하고, 고객의 요구 사항을 이해하며, 어떻게 대응하는가에 대한 문제는 오늘날 큰 과제가 되고 있다. 예전에는 공급보다 수요가 많았고, 남보다 먼저 소유하는 것이 가치가 있었던 인플레 시대는 생산자나 제조 회사가 우위인 시대였다. 따라서 대량 생산, 유통, 판매, 소비라는 최대 효율이 가능했다. 소매업자 역시 무엇보다 제품에 관한 지식이나 판매 방법의 노하우, 기술을 가장 문제시했다. 하지만 고도 성장기가 끝나고 생산 과잉과 공급 과잉의 '디플레 시대'로 들어서면서 '고객=소비자'가 아닌 '고객=생활 개발자'라는 인식이 높아져 가치 기준은 '소유'에서 '사용'으로 옮겨갔다. 즉 고객이 상품을 구입하는 것은 목적보다는 수단이라는 사실이 명확해졌다. 그러므로 고객의 생활방식이나 사고방식, 고객에 대한 이해와 고객과 상품과의 관계를 아는 것이 더욱더 중요해졌다. 소매업자나 기업, 비영리 조직인 지역 사회조차도 고객 만족의 실현이 최대 주제가 되었다. 이에 따라 고객이란 누구이며, 무엇을 원하며, 어떻게 하면 만족시킬 수 있는가를 알고 싶어 한다.

하지만 그것을 실현하기 위해 누구에게 어떤 방법으로 물으면 좋은가에 대해 알고 있는 사람은 거의 없다. 이것은 고객 자신의 입으로 내놓은 대답이 반드시 본질적으로 맞는 정답이 되지 않는 경우가 많기 때문이다. 그렇기 때문에 고객의 의견이나 요망 사항, 고충에 어떻게 대처하면 좋을까에 대해서 생각하면 갑자기 불안해진다. 이것도 저것도 아닌 어중간한 대응은 조직에 혼란만을 불러일으킬 것이라는 사실을 본능적으로 알고 있기 때문이다. 이처럼 고객과 어떤 방식으로 대화를 해야 하며, 신뢰 관계를 어떻게 쌓아 나가야 하는가에 대해서는 거의 대부분의 기업이 고민에 빠져 있다.

나는 제일 먼저 고객에게 투명한 기업이 되어야 한다고 생각한다. 그 다음은 고객과 대화할 수 있고 고객에게 평가를 먼저 요구하는 기업이 되어, 최종적으로는 고객을 경영의 중심에 서게 하는 것이 고객으로부터 신뢰를 얻는 길이다. 오랜 시간 동안 점포에서 직접 고객을 접하고 있는 나 역시 '고객을 잘 모르겠다'는 회사와 '회사의 의도를 알 수 없다'는 고객의 생각 차이에 어떻게 대처해야 할지 고민해 왔다. 그리고 이 간격을 없애기 위해 고심하던 중 '의견 카드 회답 공개' 제도를 만들게 되었다.

이 책에는 '의견 카드 회답 공개' 제도의 실제 기록에서 특히 인상 깊었던 사례 32편을 골라 실었다. '어떻게 좀 해주세요, 점장님!'이라는 고객의 요망 사항과 의견, 고충 등에 대해 점장으로서 어떻게 받아들이고, 어떤 행동을 했으며, 어떤 방식으로 회답을 했는지 그리고 그 회답과 대응은 고객에게 어떤 평가를 받았는지에 대한 내용을 에피소드와 교훈을 함께 넣어 정리했다. 고객이 카드에 쓴 문장이나 회답 내용은 최대한 충실하게 살리되, 기업명이나 상품명 등은 되도록 제외했다. 독자들은 본문 속의 여러 가지 사례를 통해 고객이 느끼는 생생한 의견이나 점장의 인식 정도, 직원의 행동 등을 다양하게 엿볼 수 있으며 사례 연구에도 참고가 될 것이다.

나는 1989년 점장으로 부임했던 요코테 시의 요코테 점에서는 3년 동안 1,000장, 아키타 시의 츠치사키코 점에서는 2년 동안 600장, 새로 개점한 미야니 현의 미나가타 점에서는 1년 3개월 만에 1,900장, 아오모리 점에서는 2년 동안 1,800장, 그 뒤 홍콩의 쟈스코 스토어 콘힐 점에서 2년 6개월 동안 700장 등 12년 동안 총 6,000장에 이르는 의견 카드를 받았다. 그 6,000장의 의견 카드 전부를 자필로 회답하고 공개했다. 오랫동안 이 일을 해 오면서 중요성과 가치를 느껴 노하우로 정리하고, 1997년과 98년에 리포트로 작성하여 본사에 제출했다. 그것이 현재 쟈스코 전 지점에서 실시하고 있는 '답장 공개 제도'의 기초가 되었다.

나는 2년 6개월 동안 홍콩의 관계 회사에서 의견 카드 공개 제도를 실시하면서 정보 공개나 대화 교류는 국민성이나 국경을 초월하여 통용된다는 사실을 배울 수 있었다. 지금은 국내외와는 상관없이, 그리고 기업이나 업계의 상식보다 시민 감각이나 고객의 상식이 우선하는 것이 사회 정의와 공동의 이익이 되는 시대다.

나는 현재 쟈스코 (주)중부 컴퍼니에 소속되어 나고야 근교에 새롭게 짓는 점포 개설 책임자로 일하고 있다. 점장으로 지낸 오랜 시간 동안 개개인의 고객과 대화하는 곳은 기업이라고 생각했다.

점장의 직책을 맡으면서 느꼈던 보람은 회사에 대해 수치상의 책임을 달성하는 것만은 아니다. 고객으로부터 "고마워요, 점장님"이라는 말 한마디를 듣는 것과, 부하에게 "역시 점장이야"라는 말을 듣는 것도 기쁜 일이다. 그러기 위해서는 점장의 당연한 의무를 철저히 지키고 조직을 움직여 나가야 한다.

샤스코가 중요하게 생각하는 '고객과의 5가지 약속' 가운데 '우리들은 고객으로부터 받은 의견에는 반드시 답장을 하겠습니다' 라는 선언문이 있다. 그것을 한층 강화시키고 충실하게 하기 위해, 즉 고객을 경영의 중심에 세워 놓기 위해 조금이나마 도움이 되기를 바라는 마음으로 내용의 일부를 공개하게 되었다.

소매업은 지역 산업이라는 측면이 강하여 고객의 생활에 도움이 되기 위한 사회적인 산업 기초 부분으로서의 역할도 갈수록 커지고 있다. 지역의 주인인 고객과 협력하여 지역 사회의 발전에 공헌하는 것은 기업 활동의 목적 가운데 하나다. 샤스코의 이러한 실천이 이 책에 의해 단순히 하나의 기업 노하우를 너머 고객과 기업 간의 대화와 교류를 촉진하는 데 일조할 수 있다면 더 이상 바랄 것이 없다.

차례

제2장 점포를 이렇게 바꿔 주세요

제4장 종업원을 해고해 주세요

제6장 홍콩은 특별한 곳입니까?

제 1 장
그 상품 좀 진열해 주세요

'우리들의 우유'를 구비해 주세요

품목은 고객이 결정한다

■ 고객으로부터

'우리들의 우유'를 10월 중순쯤에 시음 판매한 것으로 기억합니다. 그때 맛이 좋아 1병을 구입했습니다. 제 아들은 커피 우유만 마시기 때문에 전체 성분의 90퍼센트가 우유인 이 상품이 마음에 들었습니다. 아이도 맛있다고 하여 계속해서 구입하려고 했지만, 그 이후로 찾을 수가 없었습니다. 슈퍼에 갈 때마다 찾아보고, 제조 회사인 삼-모리 유업에도 전화하여 파는 곳을 물어보았습니다. 하지만 쟈스코에서만 판매한다는 대답을 듣고, 다른 지역의 쟈스코에도 가 보았지만 살 수가 없었습니다. 혹시 이 상품을 구비하실 계획은 없는지요?(28세 · 여성)

*　　　*

이 카드를 받은 뒤 담당 주임에게 물어보았다. '우리들의 우유'는 시험 판매 기간 동안 거의 팔리지 않았고, 가격도 비싸서 단가

어떻게 좀 해봐요, 점장님!

가 맞지 않았다는 설명을 들었다. 먼저 삼-모리 유업 측에 연락하여 물건의 입하 시기를 확인하고, 고객에게는 다음과 같은 회답을 보냈다.

● 점장의 회답

'우리들의 우유'는 모리 유업이 제조하는 상품으로, 판매 가격은 268엔입니다. 하지만 시음 판매 기간 동안에는 광고 효과를 감안하여 198엔에 제공했습니다. 고객들의 반응은 괜찮았지만, 꾸준히 잘 팔릴 것이라는 확신이 서지 않아 판매를 보류했습니다. 커피 우유의 가격이 268엔이면 매우 비싸기 때문입니다. 매일 5, 6병을 팔면 문제가 없겠지만, 팔리지 않는다면 이 상품 때문에 팔지 못하게 된 다른 상품도 생각해야 합니다. 또한 팔리지 않는 상품은 폐기 처분해야 하므로, 그 즉시 손실로 이어집니다. 만약 가격이 268엔이라도 괜찮다면 알려 주십시오. 연락을 기다리겠습니다.

＊　　　＊

이 회답은 점장의 입장을 그대로 나타낸 것이다. 회사는 매장 담당자에게 매출이나 이익의 확보, 폐기 처분의 감량 규칙 등을 엄격히 따르도록 지시하고 있다. 얼마 뒤에 고객의 정중한 편지가 도착했다.

■ 고객으로부터

먼저 답변에 감사드립니다. 회답을 받고 처음으로 그런 배경이 있다는 사실을 알게 되어 저도 어떻게 대답해야 할지 망설이고 있

습니다. 저라면 268엔이라도 사겠지만, 다른 분들의 생각을 묻는
다면……. 저는 아이의 장래를 생각하면 그 가격도 좋다고 생각합
니다. 제 아이는 세 살이 된 지 얼마 되지 않았지만 편식이 심해 밥
을 거의 먹지 않습니다. 모유를 끊고 나서 여러 종류의 우유도 먹
여 봤지만 전혀 마시지를 않습니다. 하지만 밀크 티나 카페오레 같
은 우유 음료는 잘 마십니다. 어렸을 때부터 커피를 마시는 것이
마음에 걸려 처음에는 제 나름대로 카페오레에 우유를 섞어서 마
시게도 해 보았지만, 아무런 소용이 없었습니다. 그래서 이제는 조
금이라도 우유 성분이 많은 든 것을 찾고 있습니다. 지금은 '그리
코 카페오레 마일드'를 구입하고 있습니다.

지난번 시음 판매에서 마신 '우리들의 우유'는 성분의 90퍼센
트가 우유이며 칼슘도 들어 있었습니다. 무엇보다도 아이가 좋아
하여 일반 커피 음료보다 비싸지만 이렇게 부탁을 하게 되었습니
다. 그렇지만 저와 같은 생각을 가진 분이나 제 아이 또래의 자녀
를 가진 분이 어느 정도 되는지 추측할 수 없기 때문에 이런 부탁
이 무리가 아닐까 염려됩니다.

아무런 문제가 없는 소비자의 입장에서 보면 맛있고 저렴한 상
품이 제일 좋다는 것은 저도 잘 알고 있습니다. 그래서 제가 제안
을 하나 할까 합니다. 만약 이 상품을 다시 시음 판매할 기회가 있
다면, 시음한 분들에게 지면이나 구두 질문을 통하여 맛, 성분, 가
격 등에 대한 의견을 듣는 것이 어떨까요? 그때는 꼭 점장님을 비
롯한 직원 분들도 시음해 주십시오. 제 의견이 쟈스코나 소비자에
게 조금이나마 도움이 되었으면 좋겠습니다. 좋은 의견 기다리겠
습니다.

이토록 정중한 편지를 받게 될 것을 상상도 하지 못한 나는 고객에게 쓴 회답이 부끄럽게만 느껴졌다. 판매가 부진하여 진열하기 곤란한 상품은 특별 주문품으로 해결하는 등 여태껏 고객이 건의한 상품의 대부분은 실현시켰다. '우리들의 우유'도 제조 회사에 부탁하여 맛있다는 것을 확인했지만, 가격 문제와 고객이 어느 정도로 원하는지 알 수 없다는 것이 걸림돌로 작용했다. 그렇기 때문에 판매 결정은 했지만, 고객에게 이 같은 내용의 편지를 보낸 것이다. 그래서 다음과 같은 답장을 다시 보냈다.

■ **고객으로부터**

친절하게 쓴 편지 잘 받아 보았습니다. 대단히 고맙습니다. 아이를 생각하는 어머니의 애정은 역시 남다르다는 것을 느꼈습니다. 여러 가지 사정이 있지만, 우선 1개월 동안만 시험 판매를 하겠습니다. 저도 편지를 읽고 마셔 봤는데, 역시 맛이 있더군요. POP(어떤 일이나 상품에 대한 광고 문안)도 할 예정이기 때문에 인기도 있을 것으로 생각됩니다. 어떤 제품을 원하는 이유를 고객에게 직접 듣는 것은 저희에게 큰 공부가 됩니다. 앞으로도 잘 부탁 드립니다.

*　　　*

"우유를 싫어하는 아이도 안심하고 먹을 수 있는 제품입니다. 성분의 90퍼센트가 우유이며 칼슘이 함유되어 있습니다"라는 POP를 내걸고 판매하자, 매일 3병에서 5병까지 꾸준히 팔려 인기 상품이 되었다. 이제는 아오모리 지점뿐만 아니라 동북 지방의 쟈스코 전 지점에서 구비하여 판매하고 있다.

이 사례는 '품목을 결정하는 것은 고객'이라는 말을 입증하는 것으로, 시음 판매의 목적이나 방법을 생각해 보는 계기가 되었다.

어떻게 좀 해봐요, 점장님!

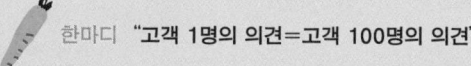

요즘 세상은 거의 모든 일이 컴퓨터에 의해 진행되고 있다. 물건이 팔리는 순간뿐만 아니라 1시간 단위의 정보도 알 수 있다. 잘 팔리는 물건을 분석하고, 구비해야 할 물품을 선택하는 데 컴퓨터를 효과적으로 활용하는 것은 중요하다. 하지만 컴퓨터에 지나치게 의존하여 본래의 목적을 제대로 실행하지 못하는 경우도 있다.

어느 회사에서 실제로 있었던 일이다. 사장이 회의 시간에 잘 팔리는 물건을 물어보자, "품번 A-123456이 지난 주에 200개나 팔렸습니다" 하고 직원이 대답했다. 그 대답을 들은 사장이 어떤 상품이냐고 묻자 제대로 대답하지 못했다는 웃지 못할 이야기도 있다.

고객이 원하는 것을 고객의 입을 통해 직접 듣고 알려고 노력하는 것은 매우 중요하다. 매장에서 일하는 사람들은 상품을 파는 것에만 신경을 쓰기 때문에 물건을 팔면 '성공했다'며 좋아한다. 하지만 고객은 구매한 물건을 직접 사용하거나 먹어 본 뒤에 '좋았다' 등의 평가를 내린다. 그렇기 때문에 나는 '고객은 누구이며, 무슨 상품을 언제 어떤 이유로 사는 것일까?'라는 질문을 늘 한다. 고객은 목적 달성을 위한 수단으로 상품을 구입하기 때문에 팔린 시점에서 고객이 '만족했다'고 마음대로 생각할 수가 없다. 한번 구매하여 사용한 뒤 그 상품이 머리에 확실히 각인되어 계속해서 구매할 때 '성공'이라고 말할 수 있다.

　나는 고객 한 사람이 쓴 카드의 내용은 고객 100명의 의견을 대표하는 것이라고 믿는다. 한 명의 고객이 원하는 상품은 무엇이며, 언제 어떤 이유로 원하는가에 대해 자세히 알고, 그것을 참고하여 물품을 구비한다면 반드시 다른 고객도 만족할 것이다.

고객의 의견은 시대를 반영한다

■ **고객으로부터**

　우리 아이는 계란 알레르기 체질이라 계란이 들어간 식품은 먹을 수가 없습니다. 그 때문에 저는 매일 식사를 준비하는 것이 정말 괴롭습니다. 특히 아이들이 좋아하는 마요네즈도 사용할 수 없기 때문에, 다른 아이들이 샐러드나 샌드위치를 맛있게 먹는 모습을 보고 꾹 참는 제 아이를 보면 애처롭기까지 합니다. 이전에 동경에서 살 때는 계란이 들어가지 않은 마요네즈 유형의 조미료인 '닛싱 마요도레'를 팔았는데, 아오모리에서는 찾을 수가 없습니다.

　그 상품을 살 수 있도록 도와주시기 바랍니다. 계란이 들어가지 않은 마요네즈 유형이라면 어떤 것이라도 좋습니다. 덧붙여 말하자면, 가족이나 친척 가운데 닛싱 관계자는 없습니다.(31세 · 여성)

● 점장의 회답

　귀중한 의견을 보내 주셔서 감사합니다. 본부에 문의해 보니 관동 지구(동경을 중심으로 하는 동쪽 지역)에는 이미 물건이 구비되어 있었습니다. 저희 지점은 다음 주(7월 30일부터)에 입하할 예정입니다. 앞으로도 고객의 생명과 건강을 지키고, '풍요로운 생활의 도우미' 로서의 사명을 마음속에 새기고 열심히 노력하겠습니다.

＊　　　＊

　상품을 구비해 놓으라는 요구는 자주 받지만 구체적인 이유를 알 수 없으면 바로 대응할 수 없는 경우가 많다. 연간 몇 천 개의 신제품이 발매되고 있고, 지금 이 순간에도 비슷한 여러 제품을 매스컴에서 선전하고 있다. 그것을 모두 같은 시기에 갖춘다는 것은 현실적으로 불가능하다. 하지만 아오모리 점은 전국의 기업 지점이나 영업소가 있는 현청(현은 우리나라의 도와 같음) 소재지에 입지해 있고, 특히 오오테에는 쟈스코만 있다. 그러므로 가끔씩 관서(오사카를 중심으로 하는 서쪽 지역) 상품을 원하는 고객이 있는데, 이때 팔리는 상품만 갖춰 놓으면 된다는 생각은 용납할 수가 없다. 이제는 '글로컬(글로벌＋로컬)' 과 같은 상품 구비가 요구되는 시대이기 때문이다.

　생각지도 못한 곳에서 의외의 결과를 얻는다는 말이 있지만, 아무리 만능 컴퓨터를 사용해도 매장에 없는 상품의 정보는 뜨지 않는다. 고객은 상품을 사용하기 위해 구매한다. 그러므로 고객의 목적이나 필요한 물건을 제대로 알지 못하면서 상품의 구비에 대해 논의하는 것은 의미가 없다. 이번 경우에도 관동 지방에는 이미 있는 상품이었지만, 동북에서는 상품을 구비할 생각조차 하지 않았다. 이 의견 카드를 받은 뒤 제품을 입하하여 판매하기 시작했다. 이처럼 고객의 요구는, 막연한 생각이나 매장에 있는 것만으로는 알 수가 없다.

대부분의 사람들은 사회적으로 화제가 되는 이슈라도 '대충 어떻게 되겠지' 하는 마음이 본능적으로 들게 마련이다. 하지만 고객의 구체적인 요구와, 닛싱의 판촉 활동이 아니라는 의미로 '가족 내에 관계자는 없다'고 적은 글귀는 어떤 조치를 취해야겠다는 마음이 들게 했다. 아래 내용은 위의 고객에게 받은 감사 카드다.

■ 고객으로부터

언제나 이용하고 있습니다. 계란 알레르기인 제 아들을 위해 마요네즈 유형의 조미료를 취급해 달라고 부탁 드렸을 때 물건을 즉시 구비해 주셔서 감사합니다. 잠시 볼일이 있어 아오모리를 떠나 있었던 탓에 오늘에야 겨우 구입했습니다. 다시 한번 빠르게 일을 처리해 주신 것에 대해 감사드립니다. 덕분에 아들도 마요네즈의 맛을 드디어 알게 되었습니다. 제 아들처럼 알레르기가 있는 아이를 둔 엄마들에게도 널리 알리고 싶습니다. 정말 고맙습니다.

그 상품 좀 진열해 주세요

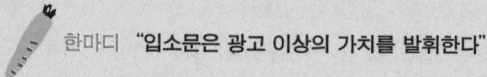

이번에는 타이밍이 정말 좋았다. 회사가 생각하는 방향과 고객의 요구가 파장이 잘 맞은 텔레파시 같았다. 고마움의 표시로 다른 사람에게도 알리겠다고 쓰여 있는데, 이처럼 당연한 행동이 입에서 입으로 퍼지는 것은 평상시에 하는 광고 이상의 가치가 있다. 고객의 요구를 들어준다고 해서 무리한 요망이 계속해서 들어오는 것은 아니다. 반대로 고객이 요구하는 것만큼 오히려 비즈니스 기회가 더 있다고 생각하면 좋을 것이다.

쟈스코는 현재 자사 개발 상품인 '톱 밸류'에 주력하고 있다. 이것은 SB(Store Brand)나 PB(Private Brand)에 몰두하여 NB(National Brand)에 대항하는 전략이다. 맛과 품질은 같지만 가격은 싸게 하고, 여기에 고객의 의견을 활성화한 제품을 개발하는 것이다. 이것은 물건을 단순히 똑같이 만드는 것이 아니라 새로운 오리지널을 추구하는 것이다. 이를 위해서도 고객의 의견을 듣는 것은 매우 중요하다.

모모야의 상품을 구비해 주세요

제조 회사에게 배우는 고객 서비스

■ 고객으로부터

　모모야의 '매실 장아찌-김 절임'을 꼭 사고 싶습니다. 쟈스코에서 구해 주실 수는 없을까요? 다카자키의 간 페이스트도 가능하다면 부탁 드립니다.(50세·여성)

＊　　　　　＊

　이 카드를 읽은 즉시 매장에서 조사를 했다. 모모야의 상품은 여러 종류가 있었지만, '매실 장아찌-김 절임'만 없었다. 정말 그런 상품이 있을까 생각하다가 모모야의 고객 상담실로 전화를 걸었다. 다음은 관계자와 전화로 주고받은 내용이다.

　모모야 : "매실 장아찌-김 절임은 전문점에만 나가는 제품입니다. 쟈스코의 상품부 담당자와도 이야기를 했지만 취급할 수 없을 것 같습니다. 어떻게 하면 좋을까요? 하나

정도는 보내 드릴 수 있습니다만…….”

점　장 : “고객은 계속해서 팔기를 원하기 때문에 1개를 받는다고 해도……. 그렇다면 아오모리 시에서 이 상품을 취급하는 가게를 고객에게 알려 주는 것이 어떨까요?”

모모야 : “좋습니다.”

점　장 : “우리도 고객에게 전화를 하겠지만, 모모야도 연락을 해주십시오. 그렇게 해야 쟈스코의 입장을 고객이 이해할 수 있을 것 같습니다.”

　　이런 식의 대화 내용을 제조 회사와 여러 차례 나누었다. 그때마다 감탄하는 것은 담당자의 친절과 고객에 대한 열정이다. 특히 자사에서 만든 제품이 마음에 든다는 고객의 목소리를 전하면 감동하여 매우 정중하게 대응한다. 평소 고객을 만나는 기회가 적은 탓인지 고객과 이어지는 가는 끈도 소중히 여기고, 단품(상품 1개)에도 목숨을 거는 것처럼 행동한다. 반면에 소매업에 종사하는 사람은 매일 수많은 고객의 얼굴을 보면서 일하지만 고객의 의견에는 관심이 없다. 소매업이 제조 회사보다 유리한 것은 고객과의 근접성이지만, ‘보여도 보이지 않는 듯, 들려도 들리지 않는 듯’ 행동하는 것이 우리의 현실이다. 나 역시 그 점을 해소하기 위해 의견 카드를 공개하기 시작했다.

　　쟈스코의 신설 지점에 새롭게 채용된 그 고장 출신의 종업원은 쟈스코의 방식을 처음에는 이해하지 못한다. 지방의 가게는 상품에 관한 고충 전화가 걸려오면 “아! 그렇습니까? 이제부터 조심하겠습니다”라는 말로 간단히 끝내기 때문이다. 예를 들면, “야채 절임 안에 벌레가 들어 있었습니다. 신경 좀 써 주십시오. 증거를 보내 드립니다"라는 편지가 오자, "농약을 사용하지 않았기 때문에 벌레가 생긴 것이니 오히려 더 안전하다는 증거잖아. 이런 건 별로 신경 쓰지 않아도 될 텐데" 하는 반응을 보였다. 이렇게 생각하는 이유는 대부분의 종업원이 농가에서 자랐기 때문이다.

반면에 제조 회사는 고객의 고충에 대해서도 매우 민감하다. 상품부에서 의견 카드의 복사본을 제조 회사 측에 보내면 즉시 들르겠다는 메시지를 보내온다. 그리고 다음날에 과자 상자와 반성문, 원인, 이유서, 대책안을 들고 내점하여 일을 마무리 하고, 1시간 이상 걸리는 고객의 집을 방문한다. 제조 회사 관계자가 나가노에서 미야니 현의 북쪽 지역까지 오는 것을 보고, 쟈스코 종업원은 고객에 대한 태도와 강한 책임감에 감탄하며 놀랍다는 반응을 보였다.

2000년 여름에는 매스컴에서 식품에 이물질이 투입되었다는 뉴스가 연일 보도되어 '이물질 투입'이란 말이 유행어처럼 퍼져 있었다. 특히 포테이토칩에 도마뱀이 들어 있었다는 뉴스는, 고객이나 제조 회사, 그리고 판매 회사 모두에게 이러한 문제가 생길 수 있다는 새로운 인식을 심어 주는 계기가 되었다.

'다카자키의 간 페이스트'에 대한 사항은 고객에게 전화를 걸어 자세한 이야기를 들었다. 입원 중인 남편이 철분을 섭취해야 하는데 O-157(집단 식중독 사건) 파동으로 생간을 구할 수가 없어 곤란해진 것이다. 그러던 중 생간 대신에 생각해 낸 것이 간 페이스트였다. 다카자키의 간 페이스트는 병원에서 만난 사람에게 들은 상품명이었다.

O-157 집단 식중독이 발생하자 쟈스코의 전 지점은 본사의 지

시에 따라 생간 판매를 중지했다. 자신의 회사에서 피해자가 나타나지 않았으면 하는 바람만으로 상품을 진열하지 않은 것은 이기적일 수도 있다. 위험 요소를 관리한다는 명목으로 과민 반응을 보여 판매를 중지한 것이다. 그 과정에서 철분을 꼭 섭취해야 하는 고객은 생각지도 못했다. 이런 경우도 있다는 사실을 그때 처음으로 고객에게 배웠으며, 그 즉시 다카자키의 간 페이스트를 다시 진열했다.

● 점장의 회답

답장이 늦어졌습니다. '매실 장아찌-김 절임'은 모모야에서 전문점 전용 상품으로 출시하여 슈퍼마켓에서는 구비할 수 없는 상품입니다. 모모야에서 지금 판매하고 있는 전문점의 위치와 연락처를 자세히 알려 드릴 것입니다. 저희 지점에서 구비하지 못해 죄송합니다. 하지만 다카자키의 간 페이스트는 햄 코너에서 찾을 수 있습니다. O-157 건으로 생간 판매가 거의 중단되어 철분 섭취가 필요한 분들은 매우 곤란할 것입니다. 저도 이 상품이 적절하다는 생각이 듭니다. 입원 중이신 남편께서 하루빨리 회복하시기를 진심으로 바랍니다.

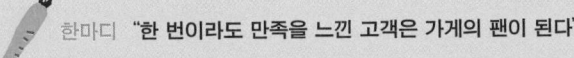

상품에 대해서는 많은 요구 사항이 들어온다. 이렇게 많은 상품을 구비했는데 하는 생각이 들 수도 있지만, 신제품이 매일 쏟아지기 때문에 고객은 갈수록 다양한 제품을 갖고 싶어 한다. 따라서 오래된 상품은 매장에서 없어지는 것이 현실이다. 계속해서 잘 팔리는 제품은 언제나 제 위치를 차지하고 있지만, 그럭저럭 팔리는 상품이라면 항상 위험한 처지다. 특히 자사 개발 상품이 호응을 얻으면 이익 면에서 방해되는 경쟁 상대가 없는 쪽이 좋다는 판단을 할 수도 있다.

의견 카드를 공개하기 전에는 쟈스코 본부가 일괄적으로 상품 종류를 변경했기 때문에 '굿바이 세일' 도 하지 않고 밤에 도망가듯 제품이 사라졌다. 그리고 고객이 없어진 상품에 대해 물으면 '이제는 팔지 않는다' 는 종업원의 냉정한 대답만 돌아올 뿐이다. 또한 상품부 담당자들도 종업원의 의견을 귀담아듣지 않았다. 하지만 의견 카드를 공개한 뒤부터는 종업원도 상품부 직원에게 알아보고 "지금은 없지만 빠른 시간 내에 입하할 수 있도록 노력하겠습니다" "다시 입하하기 위한 최소한의 물량이 ○개 단위인데, 괜찮겠습니까?" "그 회사의 제품과는 거래가 중단되었습니다. 직접 주문하시면 받을 수 있습니다. 이것이 전화번호입니다" 등의 확실한 대답을 하게 되었다.

우리들은 몇 만 점이라는 많은 숫자의 제품을 취급하지만, 1개월 동안 1개도 팔지 못하거나 겨우 1개만 팔리는 제품도 있다. 그러한 제품과, 시간이 걸려도 고객이 절실하게 원하는 제품 가운데 어느 쪽이 경영 면에서 더 중요할까? 단 한 번이라도 만족을 느낀 고객은 그 가게나 종업원의 열렬한 팬이 된다. 그것을 위해 들인 경비는 나중에 몇 백 배로 돌려받을 수 있다.

어떻게 좀 해봐요, 점장님!

4화

다마고치가 갖고 싶어

인기 상품을 둘러싼 어린이들의 심리

■ 고객으로부터

다마고치를 좀 더 많이 갖다 놓아 주세요. 아침에 줄을 서기가
너무 힘들어요.

● 점장의 회답

매주 다마고치 쟁탈전을 치르느라 고생이 많으십니다. 저희 지
점에서는 20~30개를 확보하기 위해 철야 조까지 편성했습니다.
다마고치는 전국적인 붐으로, 아오모리만의 이상 현상은 아닙니
다. 골든 위크(4월 말에서 5월 초에 걸친 일본에서 제일 긴 황금 연
휴) 기간에는 좀 더 많이 들여놓을 수 있을 것 같습니다. 만약 사셨
다면 소중히 키워 주십시오.

*   *

쟈스코의 아오모리 점은 장난감 매장이 없기 때문에 쇼핑 센터

그 상품 좀 진열해 주세요

안의 완구 전문점에서만 판매하고 있다. 하지만 다마고치의 이상 열풍이 쟈스코까지 불붙어 어린이가 보내온 카드가 산처럼 쌓였다. 아이들뿐만 아니라 어른도 아이를 위해 줄서서 기다리기 때문에 경쟁이 치열하다.

아이들의 카드는 여러 가지를 생각하게 만드는 소중한 자료가 된다. 다음 카드의 내용 가운데 보쿠챠는 완구 전문점 '보쿠노오모챠(나의 장난감)' 의 약어다.

■ 고객으로부터

다마고치 추첨에서 떨어졌을 때 보쿠챠의 점원이 "네, 안됐군요"라고 얄밉게 말해서 기분이 몹시 나빴다.

● 점장의 회답

그럴 때 그런 말을 들으면 누구라도 화가 납니다. 추첨에서 떨어진 것은 다른 사람이 말하지 않아도 자신이 가장 먼저 알게 됩니다. 그런데 다른 사람 앞에서 다시 말한 것은 어린이의 기분을 이해하지 못한 것으로 생각됩니다. 어쩌면 그 사람은 이 일로 마음 상하지 말고 힘내라는 뜻에서 고객을 위로하기 위해 말한 것은 아닐까요?

사람은 누구나 그런 쓴 경험을 하면서 어른이 됩니다. 대부분의 경우 갖고 싶은 것을 말하면 부모님이 사 주지만, 돈을 줘도 살 수 없는 경우가 있다는 것을 경험한 것으로 기억해 두세요. 그리고 다음에 다시 한번 도전해 주세요.

어떻게 좀 해봐요, 점장님!

일전에 보쿠챠에서 다마고치를 추첨했는데 운 좋게도 당첨됐습니다. 그래서 계산대에 가서 추첨된 다마고치를 사려고 하자, 종업원이 2개의 다마고치를 보여 주면서 "이것이 1번이고, 이것은 2번입니다" 하고 말했습니다. 저는 2번을 집어들며 "이것이 2번이지요?" 하고 다시 물은 뒤 그렇다는 종업원의 대답만 믿고 2번 모양을 샀습니다. 하지만 집에 돌아와서 보니 제가 산 것은 2번이 아닌 1번이었습니다. 어렵게 당첨되어 2번이라고 생각하고 산 다마고치가 1번이었다는 것을 알고 조금은 당황했습니다. 열어 보지도 않고 사 버린 저도 나쁘지만, 상점의 종업원도 확실히 알고 있었으면 좋았을 것이라고 생각합니다. 그래도 다마고치를 살 수 있었기 때문에 큰 불만은 없지만, 앞으로는 조심해 주셨으면 좋겠습니다.(10대 · 소녀)

● 점장의 회답

어른들이 생각하는 방식을 이해할 나이가 된 것 같습니다. 다마고치를 사려면 큰 전쟁을 치러야 합니다. 이 사실은 여러분이 더 잘 알고 있을 것입니다. 이런 복잡한 상황 속에서 점원이 일부러 틀리게 말하지는 않았을 것입니다. 또한 그 자리에서 확인하는 것도 무리였다고 생각합니다(다른 사람들에게 원망을 살지도 모릅니다).

1번과 2번을 바꾸려면 2번이 새로 들어올 때까지 기다리거나, 1층 커뮤니케이션 센터 게시판에 다마고치 1번과 2번을 교환하자는 엽서를 붙여 보십시오. 그 일로 마음이 상했더라도 낙천적으로 생각하며 사세요.

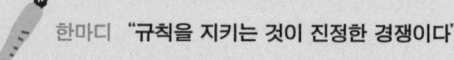

한마디 "규칙을 지키는 것이 진정한 경쟁이다"

어린이들은 매우 민감하기 때문에 성의껏 답하는 것이 중요하다. 세상을 살다 보면 경쟁은 피할 수 없는 사실이며, 그 경쟁은 때때로 에너지원이 되기도 한다. 하지만 경쟁에도 규칙이 있다. 어른은 규칙을 지키는 것이 진정한 경쟁이라는 것을 아이들에게 알려 주어야 할 의무가 있다. 그러므로 상업의 형태로 어린이들을 접하는 우리들은 경쟁의 규칙이 공명정대한가를 항상 점검해야 한다.

어떻게 좀 해봐요, 점장님!

5화 하코다테 카페오레를 구비해 주세요

하코다테 카페오레 동호회는 이렇게 생겨났다

■ **고객으로부터**

안녕하세요, 점장님! 점장님은 카페오레를 좋아하세요? 저는 북해도 유업의 '하코다테 카페오레'를 매우 좋아합니다. 이 하코 다테 카페오레를 찾아 헤맨 지 벌써 반년이 되었지만, 요즈음은 어느 곳에서도 살 수가 없어 이제는 환상의 카페오레가 되어 버렸습니다.

제 기억이 맞는다면 ○○○○○에서 ×××엔에 팔았습니다. 그 런데 인기 상품이 아니어서인지 이제는 찾을 수가 없습니다. 쟈스 코에서 살 수 있도록 해주세요. 이제는 점장님밖에 없습니다. 저는 쟈스코를 좋아해서 자주 다니고 있습니다. 꼭 좀 어떻게든 해주세 요. 부탁합니다.(20세 · 남성)

*   *

이 카드를 받고 담당 주임에게 묻자, "점장님, 우리 점포는 이미 많은 상품을 갖춰 놓고 있습니다. 카페오레만 해도 여러 종류가 있고, 더욱이 인기 브랜드인 ○○○카페오레가 있으니 그것만으로도 충분하지 않습니까? 더욱이 ○○○○○는 우리들의 경쟁점입니다. 그곳에서 팔리지 않아 없어진 상품을 왜 우리가 구비해야 됩니까? 고객에게 ○○○○○에 직접 부탁하라고 하는 것이 낫지 않습니까?"라며 그 상품을 들여놓기를 꺼렸다. ○○○는 유명 브랜드이기 때문에 만약 새 상품을 진열하려면 다른 제품을 제외해야 한다. 그렇게 되면 또 다른 고객으로부터 "왜 없어졌어요? 다시 갖다 놓아 주세요"라는 말을 듣게 된다.

나는 언제나 1장의 카드는 100명의 의견을 대표하고, 100명이 생각을 하더라도 카드로 그 의견을 말해 주는 사람은 바로 한 사람이라고 생각한다. 하지만 이 말은, 몇 십 명의 고객이 매장에서 직접 담당자에게 말하는 요망 사항과 카드를 쓴 사람의 요구가 서로 상반된다면 공평성을 어떻게 지킬 것인가에 대한 질문이 될 수도 있다. 그러므로 일단 그 맛을 시음해 보고 맛이 있으면 시험적으로 1개월 동안만 판매해 보자는 조건을 제시했다. 그리고 전 직원이 모여서 진지하게 시음해 본 결과, 처음에는 맛이 진한 탓인지 단맛이 좀 강하게 느껴졌지만 ○○○의 상품보다 맛있다는 평가를 내렸다.

그런데 가격이 ○○○보다도 30엔이나 더 비싼 것이 가장 큰 문제였다. 시음 때는 공짜로 마시기 때문에 평가 내용을 30퍼센트 낮춰야 하지만, 한번 해 볼 만하다는 의견이 모아져 일단 시험 판매를 하기로 결정했다.

● 점장의 회답

'점장밖에 없다' 는 문구가 꼭 해결해야 한다는 사명감을 갖게 하여 제가 지고 말았습니다. 뿐만 아니라 아오모리 점으로는 기념할 만한 700장째 카드여서 한번 도전해 보기로 했습니다. 하코다테 카페오레는 저희 직원이 제조 회사에 주문했습니다. 반년이나 기다리셨으니 1주일에서 10일 정도는 더 기다려 주실 수 있겠지요.

또 하나 말씀드리고 싶은 것은, 지금은 매장에 갖다 놓지만 만약 팔리지 않으면 그 이상은 제가 책임질 수 없다는 것입니다. 그 제품을 간절히 원한다면 '하코다테 카페오레 동호회' 를 만들어서 홍보해주십시오. 고객의 지지를 받지 못하는 상품이 없어지는 것은 세상의 법칙입니다. 지금은 고객의 열의에 제가 감동했기에 도입하는 것이므로 열심히 홍보해 주십시오. 상품은 빠르면 주말에 들어옵니다.

■ 고객으로부터

점장님! 많이 바쁘실 텐데 어떻게 지내고 계십니까? 저는 며칠 전 하코다테 카페오레를 부탁 드린 사람입니다. 오늘(2월 8일) 드디어 샀습니다. 정말 감사합니다. 저도 제안을 하나 드리고 싶습니다. 이 카페오레는 시중에 유통되는 다른 카페오레보다 맛이 훨씬 좋습니다. 하지만 이 맛을 모르는 사람에게는 겉으로 보기에 모두 똑같은 카페오레일 뿐입니다. 시음회를 열면 좀 더 많은 사람들에게 알릴 수 있고, 회원을 늘리는 데도 큰 도움이 될 것 같습니다. 그런데 점장님은 하코다테 카페오레를 드셔 보셨습니까? 이제부터 쟈스코에 매일 가도록 하겠습니다.

그 상품 좀 진열해 주세요

● 점장의 회답

하코다테 카페오레 동호회 회장님께.

쟈스코의 재빠른 대응에 만족하셨습니까? 저도 마셔 보았는데 생우유를 사용하여 부드러운 맛이 살아 있었습니다. 그리고 다른 사람들도 맛있다는 평가를 내렸습니다.

먼저 동호회의 회칙을 정해야겠지요? 회비는 매일 하코다테 카페오레를 1병 마시고, 1주일에 2병을 구입하며, 다른 회원 1명을 추천하는 것입니다. 저는 하코다테 카페오레를 구입하는 것 외에는 무료로 하는 것이 좋다고 생각합니다. 그리고 말씀하신 대로 제조 회사 측과 상담하여 신입 회원 모집 캠페인으로 시음회도 열도록 하겠습니다. 이 카드를 읽고 계시는 분도 꼭 참여하시기를 권합니다.

*　　　　*

지금부터는 모든 일을 동호회의 사무국장으로 처리해야 했다. 먼저 매장의 상품 진열 선반에 〈하코다테 카페오레 동호회 회원 모집〉이라는 POP를 붙이고, 포스터를 작성하여 계산대 가까운 곳의 눈에 제일 잘 띄는 장소에 붙였다. 그리고 회원 모집의 팸플릿과 회원용 비상 연락망도 만들었다. 이것은 의견 카드 회답을 게시하는 코너의 카운터에 배치했다. 하지만 이 일을 지켜보는 직원들은 뭔가에 질린 듯한 얼굴 표정들을 지었다.

어떻게 좀 해봐요, 점장님!

∾∾ 하코다테 카페오레 동호회 회원 모집 ∾∾

하코다테 카페오레를 아십니까? 저는 하코다테 카페오레 동호회의 제2호 회원인 쟈스코의 점장입니다. 며칠 전 한 고객으로부터 하코다테 카페오레 맛을 소개하는 일과, 매장에서 판매하라는 제안을 받았습니다. 어떻게 된 일인지는 알 수 없지만 아오모리 시내에서 판매하지 않아 이렇게 된 것 같습니다. 정말 맛있는 데도 말입니다. 쟈스코에서 꼭 판매하기를 바라는 고객의 요망 사항에 부응하여 이번에 판매하게 되었습니다. 저 또한 맛있다는 의견에 동의하며 매일 마시고 있습니다.

하지만 쟈스코의 인기 상품이 되어 매일 판매하는 상품의 자리를 확보하려면 하루에 최저 6병 이상의 매출이 필요합니다. 고객 여러분의 지지와 인기를 얻지 못하는 상품은 대기하고 있는 상품에 자리를 내주어야 합니다. 최고만이 살아남는 세상이기 때문입니다. 그래서 제안한 사람(현 회장)과 제가 하코다테 카페오레 동호회를 결성하게 되었습니다. 제 계산으로는 회원 한 사람이 1주일에 2병을 구입하면 최저 21명의 회원만 있으면 매일 판매할 수 있는 자리를 확보할 수 있습니다. 관심 있는 분의 참가를 기다립니다. 입회 조건은 다음 3가지입니다.

1. 1주일에 2병 구입하기
2. 하코다테 카페오레의 맛을 열심히 홍보하기
3. 신입 회원 확보를 위해 노력하기

입회 희망자는 신청서에 기입해 주십시오. 입회와 탈퇴는 자유입니다. 개인의 사생활 보호를 위해 동호회 운영은 게시판과 비상 연락망만으로 하겠습니다. 그 밖에 입회 신청서와 회원증이 준비되어 있으며, 비상 연락망은 자발적인 형식으로 등록할 수 있습니다.

그 상품 좀 진열해 주세요

동호회 회원 모집 팸플릿을 점 내에 붙이자 소문이 순식간에 퍼졌다. 이 공고문을 붙이고 입회 신청서 등을 놓아둔 장소는 매일 100여 명 이상이 오가는 곳이다. 많은 사람들이 흥미를 보였으며, 그 때문인지 판매량도 점차 증가하여 하루 6병의 재고가 품절되는 일까지 생겼다. 그 즈음에 주임으로부터 '매일 판매'를 하겠다는 보고를 받았다.

냉장고 안에는 하코다테 카페오레 옆에 유명 브랜드인 ○○○의 카페오레가 ×××엔으로 진열되어 있다. 하코다테 카페오레는 이 제품보다 30엔이나 비쌀 뿐만 아니라 지역 브랜드이다. 이처럼 불리한 조건을 생각하면 이번 일은 대히트인 셈이다. 더욱이 이익 면에서 ○○○ 2병 값과 하코다테 1병의 이익이 같다. 사실은 ○○○ 상품의 희망 가격도 하코다테 카페오레와 같았지만, 처음부터 제조 회사와 합의하여 30엔 가량 싸게 팔고 있다.

처음에는 카페오레 진열대의 5칸 가운데 1칸을 겨우 차지했지만, 이제는 2칸으로 늘어나고 회원 수도 증가해 30명을 넘어섰다. 회원들은 모두 성별이나 나이만 쓰고 있지만, 신기하게도 연대감 같은 것이 생겨 비상 연락망으로 의견을 주고받고 있다.

■ **고객으로부터**

점장님, 안녕하세요? 저는 하코다테 카페오레 동호회의 회장입니다. 요즘은 회원 수가 늘어나서 기쁜 나날을 보내고 있습니다. 그런데 궁금한 것이 있습니다. 하코다테 카페오레를 '매일 판매' 하기로 결정하셨는지요? 죄송하지만 답변을 부탁 드립니다.(회장)

어떻게 좀 해봐요, 점장님!

하코다테 카페오레 제조 회사인 북해도 유업에서도 이번 일에 흥미를 보였다. 아오모리 소장의 아들이 이번 일을 우연히 알게 되어 집에서 그 이야기를 한 것이 계기가 되었다. 우리는 회사를 직접 방문한 소장으로부터 여러 가지 이야기를 들을 수 있었다. 하코다테 카페오레는 '맛이 좋은 최고의 카페오레를 만들어라' 는 사장의 지시를 받아 고품질 생우유를 사용하여 개발했다고 한다. 따라서 자연히 원가 상승으로 가격이 높게 책정된 것이다.

소장은 하코다테 카페오레와 관련된 의견 카드를 복사한 뒤 매우 기쁜 얼굴로 돌아갔다. 제조 회사는 상품 개발이 생명이므로 고객의 의견이 기쁠 수밖에 없다. 하지만 점포에서 고객을 매일같이 직접 대하는 우리들의 모습은 어떨까? 이번 카드는 우리의 모습을 반성하는 계기가 되었다.

■ 고객으로부터

점장님, 오랜만입니다. 카페오레 상품을 매장에서 날마다 볼 수 있어 매우 기쁘게 생각합니다. 제가 우연히 쓴 카드가 700번째 카드였고, 그것을 계기로 하코다테 카페오레를 매입해 주신 지 벌써 1년이 됩니다. 이제는 찾으러 다니지 않고 쟈스코에서 편안하게 구입하여 마시고 있습니다. 또한 이제까지의 상황을 쟈스코 전 지점에 알려 주셔서 조금은 부끄럽기도 하고 기쁘기도 합니다.

이 카페오레로 인해 '쟈스코는 고객의 의견을 받아들이고 재빠르게 대응한다. 의견 카드도 형식적으로 있는 것이 아니라 고객의 진심 어린 목소리를 듣고 점포를 개선하려는 생각이 있다' 는 이미지를 갖게 되었습니다. 저는 하코다테 카페오레의 회원이기도 한 여자 친구와 내년에 결혼합니다. 앞으로 쟈스코에 다닐 기회가 더욱더 많아진 것 같습니다.

점장님, 날씨가 많이 추워졌습니다. 부디 건강에도 신경 쓰시기 바랍니다. 화이팅!(회장)

*   *

쟈스코의 사보에 이번 사례가 실렸다. 지면 관계로 자세한 내용이 실리지는 않았지만, 고객의 의견 카드에서 히트 상품이 나왔다는 내용과 함께 의견 카드의 효과가 강조되었다. 다음은 연락망에 쓰인 회원 활동 보고에서 발췌한 내용이다.

"하코다테 카페오레는 쟈스코에 도입된 뒤부터 1년 동안 총 1,500병이 판매되었으며 계속해서 꾸준히 팔리고 있습니다. 다른 유명 브랜드 제품보다 30엔이나 비싸지만 빅히트를 쳤습니다."

하코다테 카페오레에 관한 의견 카드는 총 6,000여 장의 고객 의견 카드 가운데 가장 강한 인상을 주었을 뿐만 아니라 여러 가지를 배운 사례였다.

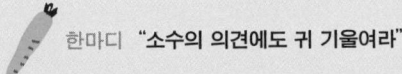

어떤 것이 공평한 것일까? 점장에게 카드를 보내면 문제를 해결해 주지만 의견을 말하지 않으면 해결할 수가 없다. 그렇다면 이것은 불공평한 것은 아닐까 하는 의견도 있을 것이다. 그리고 소수의 고객 의견에 전력을 다해 대응하는 것이 이상하게 보일 수도 있다. 물론 그것도 맞는 논리다.

100명의 사람이 같은 의견을 갖고 있다는 전제 아래, 실제로 행동하여 상대방에게 의지를 전달하는 사람과 생각만 하고 있는 사람과는 보수나 성과가 달라야 한다. 그런 차원에서 카드를 쓰거나 상대방이 알아들을 수 있도록 설명하며 다른 고객을 대표하여 의견을 말해 주는 고객에게 감사를 표시하는 것은 당연한 일이다.

노력하는 사람만이 최초로 보답을 받는다. 그리고 고객이 수고한 만큼 우리들도 최선을 다해 고객에게 대응하고, 그 밖의 고객에게는 카드의 공개를 통하여 여러 가지 개선 과정을 소개하고 이해를 구하는 것이 바람직하다. 이 제도는 우리들의 일하는 자세나 대응 방법을 고객에게 점검 받게 한다.

그 상품 좀 진열해 주세요

제 2 장
점포를 이렇게 바꿔 주세요

분수를 꺼! 분수를 틀어!

고객들 사이의 논쟁에 어떻게 대처할 것인가?

■ **고객으로부터**

분수의 물 소리가 시끄러워서 대화를 나눌 수도 없고, 전화 벨 소리도 들을 수가 없습니다. 어떻게 좀 해주세요.(여성)

*   *

이 카드는 츠치사키코 점에서 근무할 때 받은 것이다. 그 당시의 츠치사키코 점은 지은 지 15년이나 된 2층 건물로 교외에 있었다. 지금은 일반적인 형태지만 개점할 당시는 아키타 시 역 앞에 있던 건물을 교외로 이전했기 때문에 '낙향' 한다는 말까지 들었던 점포 였다. 하지만 15년이 지난 지금까지도 고객의 지지를 받고 있어 쟈 스코의 출점 전략이 적중했다는 것을 증명하고 있다.

쇼핑 센터 중앙에는 1층과 2층을 연결하는 에스컬레이터와 슬 로프가 설치되어 있고, 1층에는 동서남북으로 10미터 정도 되는 분수가 고객의 휴식 공간으로 이용되고 있다. 분수는 1년에 한 번

청소를 하는데 1만 엔 가량의 동전을 분수 아래서 줍는다. 그 동전은 복지 기금으로 기부하고 있다. 분수 근처의 광장은 영업 면적을 확대하기 위해 '광장 이벤트'를 개최할 때 사용하거나 매장 사정에 따라 상설로도 사용하는 등 그 면적이 점점 좁아지고 있다.

이 카드를 받고 분수와 가장 가까운 위치에서 근무하는 종업원과 서비스 카운터의 사원에게 묻자 다음과 같은 말을 들었다.

"고객과 이야기할 때도 큰 소리로 말하지 않으면 안 되고, 특히 노인 분들도 많이 오시기 때문에 아주 힘이 듭니다."

"매일같이 들으니 이제는 두통까지 생겼습니다."

"점장님도 하루만 여기서 지내보면 잘 아실 겁니다."

우선 분수를 끈 뒤 상황을 한번 살펴보기로 했다. 2, 3일이 지나자 주위가 조용해져서 기분 좋게 일할 수 있겠다며 감사의 말까지 들었다. 설비 담당자의 말에 따르면, 분수의 연간 유지비는 수도세, 전기세, 청소비 등을 모두 합쳐서 50만 엔 정도 된다. 그렇다면 분수를 이대로 꺼 버리고 돈이 들지 않는 디자인으로 새롭게 장식하는 것이 좋겠다는 생각이 들었다.

며칠 뒤, '분수를 보는 즐거움으로 언제나 아이를 데리고 왔었는데 왜 분수가 꺼져 있습니까?'라는 내용의 카드를 받았다. 그 즉시 '분수의 소리가 시끄러워서 고객이 대화를 나누는 데 방해가 되고, 가까운 곳의 공중 전화에서도 소리가 들리지 않는다는 의견이 있어서 분수를 껐습니다. 앞으로 분수가 있는 공간을 새로운 휴식 공간으로 바꿀 계획입니다'라는 회답을 했다. 그랬더니, '물이 흐르지 않는 분수는 왠지 이상하지 않습니까? 분수를 보면서 즐거움을 느끼는 사람도 많다고 생각합니다. 어쨌든 분수를 원래대로 틀어 주세요'라는 항의 카드가 다시 왔다. 그 고객은 한 발자국도 물러서지 않을 태세였다.

나는 이제 조용해졌다며 좋아하는 직원의 얼굴과 여러 가지 일들이 떠올라 난처한 상황에 빠졌다. 그때 분수에서 물이 흐르면 실내에 있는 먼지를 빨아들여 공기 정화 효과가 있다는 설비 담당자의 말을 들었다. 그 말을 듣고 '왜 이런 중요한 정보를 좀 더 일찍 알려 주지 않았을까' 하는 생각에 충격을 받았다. '분수가 그런 일도 해주고 있었구나. 그저 물놀이만을 생각했는데……. 이렇게 사람이 많이 다니고 공기가 탁한 실내이기 때문에 필요한 것이었구나'라는 생각에 당장이라도 틀고 싶었지만 결국 다음과 같은 공개 회답을 했다.

● **점장의 회답**

분수를 틀어야 할지 말아야 할지, 양쪽 의견이 팽팽하여 결정하기가 무척 곤란합니다. 따라서 고객의 의견을 모집합니다. 의견을 들려주십시오.

*　　　　*

그 뒤로 '틀어 주세요' '없애도 좋아요. 조용한 쪽이 좋으니까'라는 카드가 매일같이 들어왔다. 한쪽 의견이 우세하면 그 다음 주는 반대 의견이 많아서 양쪽 의견이 팽팽히 맞섰다. 일이 이렇게 되자 나 역시 결론을 내릴 수가 없었다. 3주 동안이나 계속된 논쟁은 그 다음 주부터 조금씩 가라앉아서 잠시 안심하고 있었다. 하지만 '분수는 어떻게 됩니까?'라는 카드가 다시 오기 시작하면서 또

어떻게 좀 해봐요, 점장님!

다시 혼란에 빠지고 말았다. 이제 어느 쪽이든 결론을 내려야 했다. 결국 결론을 내리지 못하고 다시 한번 분수를 틀어 보았다. 역시 물이 흐르는 분수는 사람의 마음을 온화하게 만들어 주는 매력이 있어 활기를 주는 것만은 확실했다.

30분 가량을 앉아서 분수를 보고 있으려니 머릿속에 갑자기 번득이는 것이 있었다.

'문제는 소리가 시끄럽다는 것이지 물이 흐르는 것을 싫어하는 게 합니다. 그렇다면 분수의 시끄러운 소리만을 없앨 수는 없을까?' 나는 그 자리에 계속 앉아서 '왜 소리가 나는 걸까?' 곰곰이 생각하며 관찰했다. 소리는 아래에서 위로 끌어올려진 물이 다시 아래로 낙하하면서 수면에 세차게 부딪칠 때 생기는 것이다. 그때 물과 물이 직접 부딪치지만 않으면 된다는 생각이 떠올라 물이 떨어지는 부분에 투명 아크릴 판을 비스듬하게 끼워 보았다. 그러자 보기에도 좋고 덤으로 소리도 나지 않는 분수가 되었다.

점포를 이렇게 바꿔 주세요

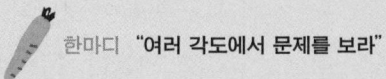

고객의 의견이 상반되는 일이 자주 있다. 이때 점장이 한쪽 의견에 편파적이거나 비판적인 것은 좋지 않다. 그렇다고 방관자처럼 내버려두는 것은 더욱 무책임한 일이다. 이럴 때마다 나는 쟈스코의 한 임원에게 배운, '사물을 보는 3대 원칙'을 떠올린다. 어떤 일을 계획하거나 비판할 때는 '단기가 아닌 장기로' '표면이 아닌 근본으로' '한쪽 면이 아니라 다방면으로' 판단하면 실수를 줄일 수가 있다.

고객의 고충이나 의견을 대했을 때 딱히 방법이 없는 일이라도 여러 각도에서 문제를 보면 전혀 생각지도 못했던 곳에서 해결의 실마리를 얻을 수가 있다. 즉 문제의 본질을 생각하면 해결책은 의외로 간단하게 찾을 수 있다. 물론 해결해야겠다는 신중한 마음이 없다면 불가능한 일이다. 다수 의견만 무조건 옳다고 생각하여 소수를 무시한다면 많은 고객을 상대하는 점장의 책임을 다했다고 말할 수 없다. 어떻게든 양쪽 고객을 만족시킬 수 있는 제안을 찾아야 한다.

7화

시식 코너의 음식을 좀 더 먹게 해쒀

시식을 둘러싼 뜨거운 전쟁

■ **고객으로부터**

어린이들만 가면 시식을 하기가 힘이 듭니다. 좋은 방법을 찾아
주세요.

● **점장의 회답**

시식 판매대의 담당자들도 업무를 수행하는 것이기 때문에 물건
을 사 줄 것 같은 고객에게 신경을 쓸 수밖에 없습니다. 그렇다면
비밀 작전을 알려 드리지요.

먼저 쇼핑 카트를 가지고 걸어갑니다. 그리고 시식 판매대 앞에
서 '맛있으면 사야지' 하는 듯한 얼굴 표정을 짓습니다. 한입 먹으
면서 '맛이 그저 그렇다'는 표정을 짓고(이것이 중요합니다) "오늘
은 다른 걸로 해야겠다"고 중얼거리며 다른 곳으로 갑니다. 이 정
도의 연기력은 가능하겠지요? 힘내세요.

빵과 함박스테이크의 시식에 대해서 할 말이 있다.

빵은 괜찮았지만 함박스테이크는 조금 전에 친구와 함께 가서 먹은 탓인지, 아니면 살 것처럼 보이지 않았기 때문인지 몰라도 "너무 먹지 말라"는 말을 들었다. 충격이다.

● 점장의 회답

마네킹(시식 판매대의 판매원을 부르는 말)은 고객이 시식을 한 뒤 그 제품을 사기를 바랍니다. 시식용 재료는 무한정 제공받는 것이 아니기 때문에 저녁때가 되기 전에 시식용 재료가 떨어지면 곤란하게 됩니다. 여러분은 거리에서 화장지를 나누어주는 사람을 본 적이 있겠지요? 그 사람들도 결코 마구잡이로 주는 것은 아닙니다. 당연히 타율을 신경 쓸 수밖에 없습니다. 마네킹을 이길 수 있는 작전은 살 것 같은 표정으로 함박스테이크를 시식하고 난 다음 뒤돌아서는 것입니다.

■ 고객으로부터

이봐! 시식을 했다고 화를 막 냈어. 그렇다면 더 이상 시식 코너를 열지 마!

● 점장의 회답

시식에도 지켜야 할 예의가 있습니다. 만일 양손을 사용하여 한꺼번에 10개나 먹는다면 누구라도 화내겠지요. 제가 기술을 전수해 드리겠습니다. 어른이 시식할 때 그 사람 뒤에 서서 살짝 참가해 주세요. 어린아이들만 있거나 혼자서 시식하면 무시당하기가 쉽습니다. 시식 양이 한정되어 있으므로 마네킹들도 제품을 사는 사람을 잘 대접합니다. 좀 더 실력을 닦아 보세요.

■ 고객으로부터

시식을 하고 있으면 점원이 뚫어지게 쳐다봐서 먹을 수가 없다. 화가 난다. 어떻게 좀 해.

● 점장의 회답

이런 민감한 부분이 있을 줄은 미처 생각하지 못했습니다. 점원이 쳐다본 것은 시식용 상품이 맛이 있는지 없는지의 반응을 보기 위한 것이라고 생각합니다.

시식을 해서 맛있다면 구입한다는 생각을 갖고 있기 때문에 구입할 가능성이(그때뿐만 아니라 나중에라도) 있는 것처럼 행동하는 것이 좋습니다. 절대로 살 것처럼 보이지 않는데도 먹는다는 느낌을 받으면 저희들은 슬프답니다.

■ 고객으로부터

시식 코너가 있는 건 좋지만 아이에 대해서도 좀 더 신경을 써 주셨으면 합니다.

아이가 갖고 싶은 것은 무조건 다 사 주는 부모도 있지만, 아이가 "좀 더 먹고 싶어" 하고 말하는 데도 어쩔 수 없이 무시하고 오는 것도 부모로서 마음이 아픕니다. 그 점을 생각해 주십시오.

● 점장의 회답

시식에 대해서는 여러분의 의견을 받고 있으며, 여기서 쟈스코의 방침을 말씀 드리겠습니다. 지금 문제가 되고 있는 O-157 건으로 셀프형 시식은 2차 감염 방지 차원에서 중지하고 있습니다. 자유롭게 시식할 수 없게 된 점에 대해서는 정말 죄송하게 생각합니다. 1대 1 대면으로 하는 시식 방침은 다음과 같습니다.

첫째, 손으로 건네주는 것이 원칙이므로 위생적인 면을 중시한다.

둘째, 맛의 평가 등을 적극적으로 물어보는 것은 괜찮지만 구입을 무리하게 강요하지 않는다.

셋째, 아이들에게 권할 때는 부모의 반응을 보고 나서 권한다.

넷째, 1인당 1회를 원칙으로 한다.

부디 이해해 주십시오.

* *

위의 내용들은 주로 어린아이들로부터 받은 카드다. 하지만 시식을 둘러싼 공방은 어른쪽이 더 무시무시할 때가 많다. 시식 마네킹은 매일 1가지 상품을 전문적으로 팔기 때문에 알고 지내는 사람이 자연히 늘어난다. 그리고 고객도 눈에 익은 마네킹의 상품을 의리로 사 주는 일도 자주 있다. 최악의 짝은 서로 궁합이 맞지 않는 고객과 마네킹이다.

■ 고객으로부터

그런 못된 마네킹은 당장 해고해 주세요. 마네킹이 제 손을 쳤습니다. 그런 무례한 일이 어디 있습니까? 다시는 쟈스코에 가지 않을 겁니다.

*　　*

매우 혼잡한 상황 속에서 여기저기서 손이 나와 시식 상품을 집어들자, 순서를 지키라는 말을 하기 위해 손을 밀친 것이 문제가 된 것이다. 하지만 어쩌면 마네킹의 마음속에 자신이 시식을 관리하기 때문에 순서를 정하는 것도 자신의 권리라는 생각을 가지고 있었는지도 모른다.

● **점장의 회답**

이번 일에 대해서는 대단히 부끄럽게 생각합니다. 정말 죄송합니다. 혼잡한 주변 상황을 말로 설명하지 않고 손으로 정리하려고 한 것은 큰 실례를 범한 것이라고 주의를 주었습니다. 다음 번에 다시 이용해 주시기 바랍니다.

*　　*

나는 마음이 약하다는 말을 가끔 듣는다. 그것은 이 지점에 벌써 5년에서 10년에 걸친 시식 프로, 즉 대부분의 식사를 쟈스코의 시식 코너에서 조달하는 사람이 여러 명 있기 때문이다. 말하자면 쟈스코의 터줏대감 같은 존재다.

50세 정도의 한 남성은 2시부터 3시까지 점 내를 돌며 마네킹 뒤에서 손을 내밀거나 다른 고객 뒤에 서서 음식을 집어먹는다. 마네킹이 잠깐이라도 자리를 비우면 양손으로 게걸스럽게 먹는 모습을 쉽게 볼 수 있을 정도다. 또 다른 중년 남성은 빵만을 전문적으로 시식하는데 마네킹이 한탄하는 것도 이해할 수 있다. 한때 O-157 소동으로 시식을 없앤 적이 있는데 그 이후로 그들은 발길을 끊었다. 아마도 다른 가게를 찾았을 것이다.

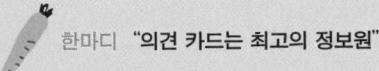

시식 행사를 하는 목적은 판매를 촉진하기 위해 하는 것이지만, 실제로 마네킹들이 시식 상품을 자기 물건화하는 경우가 많다. 최근에는 시식과 마케팅을 연결하여 생각하는 경향이 크다.

마네킹들은 다른 기업의 점포에도 드나들고 있으므로 쟈스코의 규칙이나 고객에 대한 예의를 확실히 교육시켜야 한다. 그런 점에서 보면 고객이 매장의 실태를 자세하게 알려 주는 것이 의견 카드이므로 점장이나 관리자에게는 유력한 정보원이 된다.

덧붙여 점장은 고객이 보는 앞에서는 시식을 하지 않는다. 회사의 규칙은 아니지만 다른 사람에게 조그만 일이라도 점장이니까 해도 된다는 생각을 갖지 않도록 하기 위해서다. 그러므로 시식이 필요할 때는 사무실에서 직원과 함께 한다.

8화

반드시 금연 구역으로 해주세요

고객의 '정론'에 어떻게 대처할 것인가?

■ 고객으로부터

○○○○○ 히로사키 지점처럼 점 내에서는 모두 금연하도록 해주세요. 아이들에게 담배 연기가 해로울 같아 걱정입니다. 통로나 오락 구역 내에서도 담배를 피우기 때문에 통행 시에 아주 불쾌합니다. 하루빨리 흡연 구역을 설치하여 나머지 장소에서는 금연하도록 해주십시오. ○○○○○은 매장도 깨끗하고 공기가 신선해서 아이와 함께 몇 시간씩 안심하고 쇼핑할 수 있습니다. 그래서 저는 차로 1시간 이상 걸리는 거리지만 월 2회 이상 다니고 있습니다. 이 밖에 하치노해이나 히로사키 시의 점포도 매력이 있습니다. 이곳 역시 전관을 금연 구역으로 지정하고 있습니다. 쟈스코도 이 도시의 점포를 본받았으면 좋겠습니다.(34세 · 남성)

*   *

아오모리 점에 부임한 뒤 이곳의 여성 흡연율이 높다는 사실을 알고 매우 놀랐다. 종업원 식당의 천장도 담배 연기 때문에 색이 누렇게 변해 있었다. 식당은 금연 구역으로 지정할 수 있지만 매장은 그렇게 간단하지 않다. 이 쇼핑 센터는 쟈스코 담당 구역과 이 지역 자체의 구역, 오락, 식당 구역으로 나누어져 있으며, 모든 곳에서 흡연이 가능하다. 쟈스코 구역의 1층 식품 매장은 재떨이가 없지만, 2층 의류 매장의 미니 휴게실에서는 담배를 피울 수가 있다. 우선 금연 구역을 30퍼센트 정도 확보하고 휴게실에서 담배를 피우는 사람이 많기 때문에 그곳을 흡연 구역으로 개방했다.

● **점장의 회답**

며칠 전에 ○○○○○ 히로사키 점에 저도 다녀왔습니다. 새롭게 개장한 탓인지 공기까지 청결하다는 인상을 받았습니다. 점 내를 돌다가 담배 냄새가 나는 것 같아 확인해 보니 각 층 엘리베이터 앞에 흡연 구역이 마련되어 있었습니다. 전관을 금연 구역으로 지정하고 구석 가장자리 쪽에 흡연 구역을 만들어 놓아 연기가 새어 나가지 않았던 것입니다.

저희 지점은 2층에 금연 구역을 설치했지만, 다른 곳은 앉는 장소와 통로의 균형이 맞지 않아 일을 진행시키기가 어렵습니다. 앞으로 계속해서 개선에 힘쓰도록 하겠습니다.

*   *

지금까지 금연에 대해 별다른 신경을 쓰지 않고 있다가 30퍼센트 정도를 금연 구역으로 확보했기 때문에 '이 정도면 되겠지' 하고 이 일을 너무 쉽게 생각하고 있었다. 이번 일로 나는 고객에게 매우 심한 질책을 받았다. 생각해 보면 금연을 절실히 원하기 때문에 1시간이나 걸리는 히로사키 점까지 차를 직접 운전하여 가는 고객이었다. 이렇게 미약한 해결책을 납득할 리 없었다.

■ 고객으로부터

빠르게 답변해 주셔서 감사합니다. ○○○○○ 히로사키 지점에도 가 보고 정중한 답장까지 받아 매우 감동했습니다. 하지만 감동의 크기만큼이나 실망했습니다. 정말 실망입니다. 2층 중앙에 금연 구역을 설치했다는 회답을 받고 가 보았지만 설치한 구역의 빈약함에 화가 났습니다. 최소한 2층 전체를 금연 구역으로 해주시면 감사하겠습니다. 다닐 때마다 너무 불편합니다.(34세 · 남성)

＊　　　＊

고객은 화가 많이 난 것 같았다. 직원이 실수를 할 때 덮어 주는 역할을 하는 것이 점장이지만, 이번 경우는 전적으로 나의 실수였다. 이런 때는 철저하게 반성하는 수밖에 달리 길이 없다. 나는 이 카드를 여러 번 반복해서 계속 읽었다. 회답을 쓸 때는 언제나 반드시 읽고 쓰지만 이번에는 고객의 뜻을 읽는 이해가 부족했다는 생각이 들었다. 아마도 일에 익숙해져서 타성에 젖은 것이 아닌가 생각된다. 그렇지만 같은 실수를 계속해서 반복할 수는 없었다. 어떻게 해서든지 이 고객의 신뢰를 회복해야 한다고 생각했다. 사태가 이 정도이면 말이나 편지로 아무리 사죄해도 소용이 없다. 유일한 방법은 행동으로 보여 주는 것이다.

어떻게 좀 해봐요, 점장님!

● 점장의 회답

　고객의 기대에 부응하지 못한 점을 안타깝게 생각하고 있습니다. 저 역시 담배를 피우지 않아서 담배 냄새를 싫어합니다. 하지만 쟈스코의 2층 휴식 공간을 전면 금연 구역으로 지정하면 흡연 공간이 완전히 없어집니다. 안타깝게도 아오모리에는 세상 흐름과는 별도로 애연가가 아주 많습니다. 다른 대책을 세우겠으니 시간을 조금만 더 주십시오. 현재 80퍼센트를 차지하는 흡연 공간을 금연 공간으로 만들었습니다. 그리고 2층 휴게실을 먼저 실험하여 고객의 반응을 살펴보려고 합니다. 그 밖의 공간은 쟈스코의 관리가 미치지 않는 곳이므로 쟈스코에서 어떠한 결론이 나오면 제안을 할 생각입니다.

＊　　　　＊

　위치 이동 실험을 서너 번 실시한 뒤 4곳이었던 2층의 휴식 공간을 모두 금연 구역으로 만들고, "아이들의 건강을 위해 금연을 실시합니다. 고객 여러분의 협력을 부탁 드립니다"라는 문안을 써서 붙였다. 그리고 엘리베이터에서 가까운 곳에 재떨이를 1개만 놓아두고 "실수로 불을 붙인 분이 버려 주시기를 바라고 설치한 재떨이"라는 문구를 붙이고 실험해 보았다. '아이들의 건강'이라는 대의명분이 있어서인지 90퍼센트의 고객이 금연에 협력해 주었다. 그 뒤로 고객의 다음 카드는 오지 않았다. 어쨌든 이 카드 덕분으로 점 내의 공기가 단번에 깨끗해졌다.

　'정론'은 어느 누구라도 그 말이 옳다고 쉽게 말할 수 있지만 그것을 실행하지 않으면 아무런 소용이 없다. 지금과 같은 정론은 많이 오지 않지만 카드가 오면 신중하게 대응해야 한다. 경솔하게 생각하여 '무조건 하겠습니다' 하고 말하면 나중에 빠져나갈 구멍이 없다. 반면 그냥 '불가능합니다' 식의 회답을 하면 점장의 식견을 의심받게 된다. 자주 있는 경우로, '위험한 곳에 고장이 났으니 빨리 고쳐 주세요'라는 카드에 '알겠습니다만 돈이 없습니다'라는 회답을 하는 경우가 있다. 이것은 고객에게 큰 오해를 불러일으킬 수 있는 위험 소지가 있다. 고객의 생명과 안전에 돈을 아끼는 기업이라고 생각하기 때문이다. '고객의 의견이 옳다고 인정할 것인가? 만약 인정한다면 왜 실행하지 않는 것인가? 실행 불가능한 것인가?'에 대해 자세한 설명을 할 자신이 없으면 스스로 함정을 파는 일이 된다. 결론을 급하게 내려야 할 경우가 아니라면 양해를 구한 뒤 2~3주일 뒤에 회답하는 것이 좋다. 상황이 좋지 않은데도 등 떠밀리듯이 문제를 해결하려 들면 예상 밖의 결과를 초래할 수 있기 때문이다.

9화 아이들을 위해 금연석을 확보해 주세요

어떠한 난제라도 해결할 길은 있다

■ 고객으로부터

쟈스코의 게임 코너는 아이들이 좋아하는 놀이 공간입니다. 제 아이도 좋아하여 자주 이용하고 있습니다. 하지만 바로 옆의 패스트푸드 코너에서 담배를 피우는 사람이 너무 많아 게임 코너에서 노는 아이들의 건강이 걱정됩니다. 어떻게 할 수 없을까요?

*   *

미나가타 점의 환타지 랜드(게임 코너)는 아이들에게 매우 인기 있는 곳이다. 일요일에는 1시간 이상 걸리는 거리에서도 가족 모두가 이곳을 이용하기 위해 올 정도다. 200평 규모의 환타지 랜드 옆에 있는 패스트푸드 코너는 약 300개의 좌석이 있는 큰 규모로, 5개의 점포가 공동으로 사용하고 있다. 아이와 함께 온 아버지는 야키소바(볶음면), 우동, 오코노미야키(일본식 빈대떡), 아이스크림 등의 음식을 먹거나 담배를 피면서 환타지 랜드에서 노는 아이들을 본다.

요즈음은 금연 붐 때문에 전체 공간에서 안쪽에 있는 우동 가게의 한 귀퉁이와 전체 입구 앞의 한 귀퉁이를 흡연석으로 만들었다. 하지만 실제 흡연하는 사람은 흡연석과 금연석을 좀처럼 지키지 않는 것이 문제다. 주의해 달라고 부탁하면 화를 내거나 무시하기가 일쑤여서 방치되고 있었다. 그래서 고충을 적은 의견 카드를 들고 패스트푸드 코너에 가 보았다. 아이스크림 가게의 주인은 흡연석이 가게에서 멀리 떨어져 있으면 고객이 싫어하기 때문에 좋아하지 않았다.

환타지 랜드는 패스트푸드 코너와 근접해 있으므로 환타지 랜드 공간 전체를 금연석으로 지정하여 아이들이 담배 연기를 맡지 않도록 하는 것이 제일 좋은 방법이다. 이에 대해 여러 가지 이유로 안 된다는 의견을 주고받다가 금연 코너 대신 금연석 라인을 만들자는 제안을 했다. 즉 패스트푸드 카운터와 환타지 랜드는 100퍼센트 금연 구역으로 지정하고, 중앙선의 좌석은 흡연을 허용하는 것이다. 우선 실험적으로 카운터 위에 선을 표시하고, "아이들의 건강을 위해 환타지 랜드 전체를 금연 구역으로 지정합니다"라는 문안을 붙였다. 그러자 효과가 바로 나타났다.

■ **고객으로부터**

언제나 고맙습니다. 덕분에 게임 코너 근처에 있는 금연석 문제가 완전히 해결되었습니다. 카레 코너의 '카레 요일'의 일도 감사합니다. 또 지난번 바지의 색깔이 빠지는 문제에 대해서도 빠른 대응을 보여 주셔서 감사합니다.

저도 직업상 사람을 많이 만나는 일을 합니다. 여러분 힘내세요! 점장님의 따님도 열심히 공부하기를 바랄게요. 반드시 합격할 겁니다. 그리고 어제 전기 담요를 아주 싸게 샀습니다. 행운을 빕니다.

● **점장의 회답**

항상 좋은 조언을 해주셔서 감사합니다. 금연석을 게임 코너 측에 설치하는 대신 우동 코너에 흡연석을 만들어 모두 좋아합니다. 대성공입니다. 역시 고객의 의견만큼 고마운 일은 없습니다. 12월 6일의 TV 이벤트 '안성맞춤 주부 모임'에도 많은 고객이 참가해 주셔서 매우 감사하게 생각하고 있습니다. 그리고 전기 담요를 사신 일은 축하 드립니다. 이런 행사는 저희가 큰 손해를 보기 때문에 1년에 한 번밖에 할 수가 없습니다. 내년에도 기대해 주십시오. 마지막으로 제 딸의 일까지 걱정해 주셔서 고맙습니다. 저도 합격하기를 바라고 있습니다.

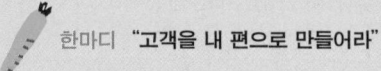

　　새로운 지점을 만들 때는 사전에 여러 가지 계획을 세우고 진행한다. 하지만 막상 개점해 보면 생각지도 못한 곳에서 문제가 일어나거나 고충이 생긴다. 이에 대해 대부분의 직원들은 고객이 익숙하지 않아서 생긴 일로 단순하게 생각하고 그냥 지나친다. 습관이 되면 괜찮아질 것이라고 생각하며 개선할 생각을 하지 않는다. 결국 고객의 진정한 충고를 무시하기 때문에 다른 지점을 새롭게 개장할 때도 같은 실패를 계속해서 거듭하게 된다.

　　이 카드는 우리들이 너무 익숙해져 지나쳐 버리는 일들에 대해 고객도 같을 것이라고 생각하던 때에 받았다. '카레 요일' 이라는 상품의 요청을 받아서 응한 일이나 바지의 색깔이 빠지는 고충에 대한 대응, 담배 이외의 여러 문제에 대해서도 꼼꼼히 점검해 주는 고객이 많이 있다. 이만큼 고마운 존재는 없다. 이러한 고객을 같은 편으로 만들 수 있는 것이 이 시스템의 강점이다.

10화

전단지를 넣어 주세요

전단지 광고 서비스 제도를 만들기까지

■ **고객으로부터**

아사히 신문에도 전단지를 넣어 주세요.

● **점장의 회답**

먼 곳에서 들러 주셔서 진심으로 감사드립니다. 전단지 문제는 저희들의 고민거리 가운데 하나입니다. 전단지는 한 번에 100만 엔 이상의 비싼 비용이 들어갑니다. 만일 전 시내에 전단지를 돌리면 1,000만 엔이나 되는 비용이 소요됩니다. 그 비용은 모든 상품 가격에 영향을 미칠 수밖에 없습니다. 전단지를 많이 돌리면 돌릴수록 판매 가격이 높아지게 됩니다. 현재는 비용 대 효과의 균형을 아슬아슬하게 맞추고 있는 상태입니다. 전단지는 전날 오후부터 서비스 카운터에서 받을 수 있습니다. 앞으로는 TV 광고에 주력하거나 쟈스코 카드 회원에게만 서비스를 제공하는 방향으로 전환할 계획입니다. 도움이 되지 못하여 정말 죄송합니다.

이것이 정직한 회답이었다. 전단지에 대한 문의는 언제나 이런 식의 회답밖에 할 수가 없다. 하지만 같은 지역이면 지역 신문뿐만 아니라 전국지에도 넣고, 지역을 결정할 때도 설문 조사를 하는 등 가능하면 공평하게 하려고 애쓰고 있다.

■ 고객으로부터

동부 지국에도 전단지를 넣어 주셔서 감사하게 생각하고 있습니다. 이제까지는 고향 집이나 직장에서 전단지를 가지고 왔는데, 그 수고를 이제서야 보답 받게 되는군요. 앞으로도 계속해서 전단지를 넣어 주세요.(남성)

● 점장의 회답

쟈스코의 열렬한 팬인 것 같아 머리가 숙여집니다. 전단지의 효과가 매우 크다는 사실은 저희도 인정하고 있습니다. 하지만 한편으로 지나치게 남발하면 쓰레기 공해로 이어지기 때문에 환경 문제도 생각하라는 충고도 듣고 있습니다. 더욱이 전단지로 홍보한 특가 상품은 빨리 품절되어 문제가 생기기도 합니다. 앞으로도 항상 고민하면서 열심히 노력하겠습니다. 혹시 쟈스코 카드 회원에 가입하셨습니까? 아직 가입하지 않으셨다면 꼭 가입해 주세요.

■ 고객으로부터

지난 26(화)일에 전단지를 받으러 서비스 카운터에 갔지만 당일이 아니기 때문에 줄 수 없다며 거절당했습니다. 신문에 함께 올

때는 2, 3일 전부터 돌린다고 알고 있었습니다. 이렇게 당일에만 배부한다면 상품 정보를 알 수가 없습니다. 이번에는 친구에게 미리 들어서 전단지의 내용을 대충 알 수 있었습니다. 그렇지 않았다면 아마 몰랐을 것입니다. 츠츠이, 덴가타 쪽은 전단지를 넣어 주신다고 들었습니다. 고가와 지역은 상업 지구이기 때문에 일반 주택이 다른 곳에 비해 적을 수도 있습니다. 그렇더라도 불공평하다는 생각이 듭니다.

덧붙이자면 선우드, 호마크, 유니버스, 고지마, 덴코드, 욧츠바 전기 등의 전단지는 모두 받아볼 수 있습니다. 다시 한번 검토해 주시면 고맙겠습니다. 그리고 환경 문제를 생각하신다면 아예 돌리지 않는 쪽이 공평하지 않을까요?(여성)

● **점장의 회답**

다시 한번 뵙게 됐습니다. 지난번 게임 소프트 문제에 대해 적절한 대응을 하지 못해 대단히 죄송합니다. 이번 주에 실시하는 창립 축하 기획은 다른 때와 달리 며칠 전부터 배부할 수 있었습니다. 이번 문제는 제가 지시 전달을 잘못해서 일어난 것 같습니다. 이 점 대단히 죄송하게 생각합니다.

보통의 경우 전단지 광고는 수요일 석간에 들어갑니다. 전단지는 당일 점심때쯤에 가게에 도착하므로 앞으로는 오후에 배부하도록 하겠습니다. 전단지는 모든 지역의 가정에 배부해도 불공평함을 해결할 수가 없습니다. 또한 전면적으로 전단지를 없애는 것도 매출 경쟁 때문에 불가능합니다. 다른 좋은 방법을 생각하고 있으니 시간을 좀 더 주십시오.

이런 경우에는 어떻게 대응해야 할까? 공평한 것은 정해진 것이 아니라 변화하는 것이다. 이 카드를 보낸 고객에게는 정말로 피해를 끼치고 있었다. 더욱이 카드를 절실하게 적어서 보냈기 때문에 보답 편지를 보내고 전단지도 배포했다. 이것 역시 설문 조사를 실시한 다음 내린 결론이다. 그 지역이 유망한 지역이었는데도 간과했던 것이 뒤늦게 판명된 것이다.

■ 고객으로부터

정중한 답장을 받고 매우 고맙게 읽었습니다. 오늘 아침 신문 속에 들어 있는 전단지를 보고 놀라움과 기쁨이 교차했습니다. 사실 전단지 건은 벌써 단념했기 때문에 요즈음은 쟈스코에 들르지 않고 있었습니다. 싼 가격으로 구입할 수 있는 특매품은 살림살이에 많은 도움을 주기 때문에 주부라면 누구나 관심을 가지는 품목입니다. 화장지나 종이 기저귀 등은 이번 전단지가 없었다면 선우드에 사러 갈 계획이었습니다. 이번 일은 저 혼자만의 이기적인 생각일지도 모르지만, 이 1장의 전단지가 계기가 되어 고객이 많이 늘어났으면 하는 마음입니다. 앞으로도 계속해서 친구 같은 쟈스코로 있어 주십시오. 대단히 고맙습니다.

*   *

1장의 전단지를 이토록 기쁘게 받아들일 줄은 생각지도 못했기 때문에 매우 놀랐다. 그래서 이 과제를 해결할 방법을 고민하다가 고객을 상대로 설문 조사를 했다. 그 결과 기반 상권 2만 세대의 식품 시장 점유율은 35퍼센트 정도이며 내점한 50퍼센트의 사람은 전단지를 보지 않는다는 대답을 했다. 즉 전단지의 80퍼센트가 그대로 버려지고 있으며, 1장에 30엔인 전단지 비용에 대한 매출은 '0'라는 결론이 나왔다.

반면 전단지를 보지 않고도 5,000엔어치나 사는 고객에게 전단지를 보내어 로얄 고객으로 만들면, 예를 들어 30엔의 여분 비용이 더 들더라도 살아 있는 돈이 된다. 이 아이디어를 구체화하기 위해 '전단지 광고 우송 서비스' 작업에 들어갔다. 실험적으로 '쟈스코 카드 회원에 한합니다'와 '때때로 설문 조사를 부탁하는 일이 있습니다'라는 설명문을 첨부한 신청 용지를 서비스 카운터에 배치하고 홍보하기 시작했다. 이 서비스 실험 덕분에 "우리 단지의 사람은 고객이 아니라고 생각하는 거야? 왜 전단지를 넣지 않지?"라는 내용의 전화에 노련하게 대응할 수 있었다. 1개월이 지나자 신청자 수는 대략 30~40명으로 늘어났다. 고객은 무엇보다도 자신을 위해 우송 요금을 부담하면서까지 보내 준다는 점에 큰 만족을 느꼈다.

■ 고객으로부터

전단지를 늘 우송해 주셔서 감사합니다. 오늘도 전단지를 보고 아침 일찍 쇼핑하러 갔는데 많은 도움이 되었습니다. 앞으로도 부탁 드립니다.

● 점장의 회답

이용해 주셔서 진심으로 감사드립니다. 전단지 우송 서비스를 이용해 주시는 고객이 조금씩 늘고 있습니다. 전단지를 진심으로 원하는 고객에게 도움이 되는 것 같아 무척 기쁩니다. 아직은 실험 중이므로 저희 가게를 이용하시는 고객의 의견을 듣고 싶습니다. 잘 부탁 드립니다.

어떻게 좀 해봐요, 점장님!

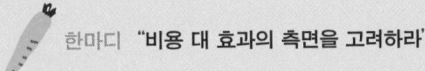

눈에 보이는 낭비보다 보이지 않는 낭비가 더 나쁘다. 이것은 '비용 대 효과'의 측면이다. 이번 사례는 고객의 지적으로 판촉비의 낭비에 대해 다시 한번 생각해 보는 계기가 되었다. 그 결과 판촉비 부문에 낭비가 심하다는 결론을 내리고 '전단지 우송 서비스' 제도를 만들었다.

그 당시에는 전단지 우송이라는 원시적인 방법밖에 사용할 수 없었지만, 지금이라면 인터넷을 이용하여 고객에게 개별적인 정보를 제공하는 것이 가능하다. 요즈음은 DM을 발송하는 것 외에도 웹상에서 이메일을 이용하여 개개인에게 알맞은 맞춤 정보도 보낼 수 있다. 이 방법은 많은 회원을 쉽게 지속적으로 관리할 수 있으며, 매출 증가에 점차 큰 비중을 차지하는 수단이 되고 있다. 또한 기업의 홍보도 홈페이지를 이용하여 불특정 다수에게 효과적으로 할 수 있다.

제 3 장
잠깐, 그냥 넘어갈 수는 없어요

11화

바깥이 너무 지저분해요

고객과 지역에 공헌하는 슈퍼마켓으로

■ **고객으로부터**

　점장님이 오시고 난 뒤부터 매장 안이 많이 깨끗해졌습니다. 좋은 일이기는 하지만 가게 앞이나 주변은 매우 지저분합니다. 주위를 한번 둘러보세요.

＊　　　＊

　이 카드는 요코테 점에 점장으로 부임하여 1개월 가량 지났을 때 받았다. 이곳은 산과 강이 있는 마을로 인구 4만여 명이 살고 있으며, 어묵이 특히 유명하다. 쟈스코 요코테 점은 12년 전 역 앞을 재개발할 때 이 지방 버스 터미널 안의 핵심 점포로 개장했다. 5층짜리 흰색 건물은 요코테 시의 근대화의 개막을 알리는 것처럼 우뚝 솟아 있어, 당시 이 지방의 모든 고객들이 감탄하던 존재였다.

　나는 불과 6개월이었지만 입사 2년째에 개장 요원으로 부임하여 일했던 기억이 있다. 그리고 12년 만에 또다시 점장으로 부임하는 즐거움을 누리게 되었다. 12년 만에 부임해 보니 매장은 여기저기 낙후된 흔적이 많았고, 종업원들도 건성으로 일하는 것처럼 보였다. 당연히 매장의 이미지도 어두워 오랜 세월 동안 '노동의 피곤함'이 쌓인 것 같았다. 무엇보다 개점 당시에는 고객들의 감탄을 자아내던 존재였지만 오늘날은 고객이 하찮게 보는 존재가 된 것이다.

부임을 하면 가장 먼저 종업원들로부터 여러 가지 고충 사항을 듣는데 여기서도 많은 요망 사항을 받았다. 하지만 안타깝게도 고객의 시점에서 생각하기보다는 모두 자신들만의 관점을 내세웠다. 그래서 고객의 생각을 알기 위해 '의견 카드 회답 공개 제도'를 시작했다.

처음에는 이 제도에 대해 고객도 의아하게 생각하여 의견을 거의 보내지 않았다. 그 가운데는 '회답은 점장님이 직접 쓰는 것입니까? 그럴 시간이 있으면 상품 진열이라도 돕는 것이 더 나을 텐데'라는 빡빡한 지적도 있었다. 종업원들도, 고객의 고충을 공개하면 해당 종업원이 불쌍하다며 점장이 지나치지 않느냐는 말들을 했다.

하지만 나는 고객의 의견은 객관적이므로 회사나 고객 양쪽 모두에게 도움이 될 것이라고 생각했다. 다행히 시간이 지나자 점점 이해하고 협조하는 종업원이 늘어나 매장 안은 눈에 띄게 깨끗해졌다. 이 카드를 받았을 때가 바로 그때였다.

버스 터미널이 점포 앞의 한 부분을 차지하고 있기 때문에 쓰레기가 여기저기 지저분하게 널려 있는 것을 쉽게 볼 수 있었다. 이곳은 하루에 5,000명 정도의 사람이 오가는 장소지만, 엄밀하게 말하면 버스 회사의 관할 구역으로 쟈스코의 책임은 아니다. 따라서 먼저 버스 회사의 본사를 통해 고객의 의견을 전달했다. 하지만 회사 관계자들은 무시했다. 나는 일단 시작한 일은 반드시 하고야 마는 성격이므로 어떻게 처리할 것인가를 고민했다.

한번은 일부러 종이 쓰레기를 2장 떨어뜨리고 주워 보았다. 그러자 버스를 기다리던 고객의 시선이 한꺼번에 쏟아져 당황하게 되었다. 더욱이 버스 회사에서 고용한 청소부들은 자신들의 영역을 침범한 것으로 생각했는지 의심스러운 눈길을 보냈다. 쓰레기를 치우는 일이 이토록 용기가 필요한 것인지 생각지도 못했던 나는 쟈스코에서 나온 파지나 비닐 봉지를 쟈스코 직원이 줍는 것으로 방법을 바꾸기로 했다. 그래도 혼자서는 무리일 것 같아 매일 아침 개점 인사를 끝낸 뒤 5, 6명이 모여서 쓰레기 줍기를 시작했다.

한쪽 손에는 쓰레기를 넣은 비닐 봉지를 들고 다른 손에는 별도의 비닐 봉지를 장갑 대신 사용했다. 제1코너는 쟈스코의 점포 앞이어서 문제가 없었지만, 제2코너는 고객이 버스를 기다리며 줄서 있는 대합실과 의자 밑이므로 긴장할 수밖에 없었다. 그리고 제3코너는 버스 회사의 청소부 대기소이므로 눈을 최대한 마주치지 않도록 애쓰며 계속 줍기만 했다. 제4코너는 뒤쪽이어서 신경 쓸 일은 없었지만 땅바닥에 들러붙은 쓰레기가 많아서 무척 힘이 들었다. 겨우 10분 동안에 벌이는 작전이지만 긴장의 연속이었다.

하지만 이 일도 익숙해지자 시간이 많이 줄어들었다. 그리고 쓰레기의 양이 현저히 줄어들어 하루 종일 관찰해 보니 그 이유를 알 수 있었다. 가장 큰 이유는 고객이 쓰레기를 버리지 않게 된 것이다. 어느새 쓰레기 줍기 작전이 소문이 퍼져 자신만이라도 쓰레기를 버리지 말자고 생각하는 고객이 점차 늘어났던 것이다. 결국 쓰레기를 버리는 사람이 거의 없어진 데다가 버스 회사의 청소부들도 쟈스코 앞까지 청소를 해주어, 안팎을 가릴 것 없이 깨끗해졌다.

요코테 점의 새로운 탄생은 이렇게 시작되었다. 그리고 총 600장에 이르는 의견 카드를 받아서 회답하는 것도 이곳에서 시작했다. 물론 그때도 의견 카드는 있었다. 하지만 회답을 게시하지 않고 연락 가능한 고객에게만 개별 회답을 쓰는 형식이어서 사내 정보로만 활용했다. 나는 이 아이디어를 본부 근무 기간에 실행해 보았지만, 고객의 엄격한 의견과 회사의 이해 부족으로 효과를 보지 못했다.

그러던 중 본사에서 사람이 내려와 아키타 현의 점장과 간부를 모아 놓고 '지역에서 쟈스코의 역할' 이라는 주제를 가지고 연설을 하게 되었다.

"지역에 대한 우리들의 책임은 중대하다. 1엔이라도 싸게 판매한다면 지역의 고객은 좀 더 많은 상품을 살 수 있다. 우리가 좋은 상품을 판매하면 지역의 생활은 풍요로워지지만 반대의 경우엔 혼란스러워진다. 그만큼 주변에 미치는 영향이 크다.

이것은 점장 한 사람의 힘으로는 불가능하겠지만 자신의 지지자를 한두 사람이라도 만들면 그 두 사람이 다음에는 네 사람이 된다. 약간의 변화라도 일어나면 결국에는 쟈스코가 바뀌게 된다. 쟈스코가 바뀌면 고객이 바뀌고 고객이 바뀌면 지역이 바뀐다. 결국 그 지역을 바꾸는 최초의 사람은 점장이 되는 셈이다. 그 한 사람의 점장이 되고 싶지 않은가?"

이 강연을 듣고 나의 망설임은 모두 사라졌다. 절묘한 시기에 다가온 '하늘의 계시' 와도 같은 것이었다.

어떻게 좀 해봐요, 점장님!

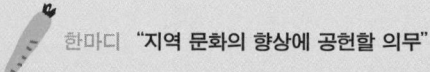

유통업에 종사하는 사람은 지역 문화의 향상과 풍토를 개선하는 데 공헌할 의무가 있다. 그 지역을 더욱 살기 좋은 곳으로 만들기 위해 지역의 고객과 함께 협력해야 한다. 업종이 영업이라고 해서 자사의 매출이나 이익만을 생각하면 곤란하다. 지역의 고객들로부터 '쟈스코가 아닌 ○○○○○가 있다면 좋을 텐데' 하는 실망을 안겨 주어서는 안 되며, '여기에 쟈스코가 있어서 정말로 다행'이라고 말할 수 있는 즐거움을 주어야 한다. 그 출발점이 의견 카드의 회답을 공개하는 일이라고 생각했기 때문에 소신 있게 밀어붙였다.

12화

가격을 틀리게 찍는 것은 사기예요

가격을 정확하게 찍는 일을 목표로

■ **고객으로부터**

6월 30일 18시 23분에 17번 카운터에서 방울토마토 158엔을 2번 찍었습니다. 전에도 꽃병 1,000엔짜리를 2번 찍은 일이 있었습니다. 그 계산원은 일하기 싫은 듯한 얼굴을 하고 있었는데, 앞으로는 좀 더 조심해 주십시오.

*   *

가격을 잘못 찍는 것만큼 부끄러운 일은 없다. 고객이 화내지 않고 알려 준다고 잘못이 가벼워지는 것은 아니다. 그러므로 가격이 틀리게 찍혀 전화를 하거나 직접 찾아와서 화를 내는 것은 당연한 일이다.

■ **고객으로부터**

당신이 점장이야? 도대체 뭐하는 사람이야? 물건을 사고 영수증을 보니 값이 비싸게 찍혀 있었어. 만약 내가 눈치채지 못했다면 그대로 내야 하잖아. 이건 사기야!

*　　　　*

할 말이 없었다. 이런 경우 그것은 어제까지의 광고였지만 종이를 떼는 것을 잊어버렸다는 사실을 변명해도 불에 기름을 붓는 일이 될 뿐이다. "그런 일은 고객하고 상관이 없어요. 계산원의 실수는 덮어놓고 고객이 일일이 광고 전단지를 확인하라는 말입니까? 알았습니다. 신문에 투서하겠습니다. 절대로 그냥 넘어갈 수 없어요"라고 말할 것이 뻔하다.

요즈음은 대부분의 슈퍼마켓에서 매장의 상품에 가격표를 붙이지 않는다. 작업량이 많고 가격 변동에 유연하게 대처할 수 없다는 기업 측의 논리로 없어졌다. 하지만 그것은 실수가 절대 없을 것이라는 전제 아래 고객이 이해해 준 것이다. 그 슈퍼마켓이 신뢰받고 있는지 어떤지에 대한 점검은 고객의 쇼핑 태도를 보면 잘 알 수 있다. 고객이 과일 팩을 거꾸로 들어 밑 부분에 신선하지 않은 것이 숨겨져 있는가를 확인하는지, 우유 같은 유통 기한이 있는 상품은 선반 뒤에서부터 꺼내어 살펴보지는 않는지 그리고 계산이 끝난 뒤에 영수증을 꼼꼼히 살펴보는 것 같은 행동이 눈에 띈다면 낙제 점수다.

아오모리 점에 부임했을 때는 상품의 신선도나 품질 문제는 따로 생각하더라도 가격을 잘못 찍어 생기는 고충이 의외로 많았다. 이것은 1엔이라도 싸게 사려는 고객의 입장에서 보면 당연히 화가 나는 일이다. 매일 전화로 고충을 상담하고 그때마다 계산대의 책

잠깐, 그냥 넘어갈 수는 없어요

임자는 돈을 갖고 고객의 집으로 뛰어갔다.

고객에게 '사기'라는 말을 듣는 것만큼 힘든 일은 없다. 당시에 전국적으로 문제가 된 '틀린 계산'의 박멸을 위해 '월별 틀린 계산 빈도'를 본사에 보고하는 것이 의무화되어 있었다. 하지만 아오모리 점은 틀린 계산이 적은 그룹에 속해 있었다. 본사에는 컴퓨터에 등록된 가격과 가격 카드가 맞는지를 매장이 조용한 기간에 확인하여 매월 1회 보고했다. 그러므로 21일부터 시작하는 대규모 세일 행사 때의 가격 변경은 확인하지 않았다. 뿐만 아니라 계산대에서 가격이 틀린 것을 알아도 기록을 남기지 않아 실제 상황과 거리가 멀었다.

가격 실수의 아이템 수가 월 60점인 점포가 있다고 가정해 보자. 이것은 1일 평균으로는 2가지 아이템이다. 만약 하루에 3,000명의 고객이 오고 계산대가 10대라면 1인당 10개를 구입하여 합이 3만 개의 상품이 매상이 된다. 광고 상품이 있을 경우 10대의 계산대에서 10명의 고객에게 계산을 틀리게 해도 카운트되는 것은 1개의 제품뿐이다. 특히 광고 상품을 교체하는 월요일은 가격 표시 종이를 교체하지 않아 신상품 등록의 실수가 자주 발생하지만 기록으로 남지는 않는다. 단순히 생각하면 3만 개의 물건 가운데 2개, 즉 틀릴 확률은 1만 5,000분의 1이므로 대수롭지 않게 생각할 수도 있다.

하지만 우수 점포도 계산이 틀리기 일쑤였다. 실제 상황을 정확하게 알기 위해 계산대의 담당자에게 조사를 지시하자, 매장 직원의 실수를 일부러 기록하기보다는 그 시간에 가격을 조사하는 것이 낫겠다는 대답을 했다. 다른 한편으로는 가격을 조사하기 위해 각 작업실에 가도 아르바이트 사원만 보일 뿐 주임은 얼굴도 볼 수 없다는 불만이 나왔다. 매장 담당자 역시 자신은 틀린 계산과 관계가 없다고 생각하고 있었다.

먼저 계산이 틀리는 원인을 찾기 위해 시스템 주임은 식품 담당자가 규칙을 제대로 지키고 있는가를 확인했다. 그 다음으로 계산원이 돌아가면서 한 사람씩 고객 서비스나 자료 준비, 가격 오류 등의 조사를 책임지고 담당하는 것이다. 이것만으로도 계산 착오가 많이 줄어들었다. 여기에 결정적인 역할을 한 것은 휴대폰이었다. 계산대에서 가격 문제가 발생하면 그날의 가격 오류를 담당하는 계산원이 매장 주임에게 휴대폰으로 연락하여 정확한 가격을 확인한다. 그와 동시에 시스템 주임에게 전화로 보고하여 가격을 수정하고, 매장 주임은 시스템 주임에게 수정표를 제출한다. 그리고 가격 오류를 책임지고 담당하는 계산원은 '가격 오류 보고서'를 작성하여 주임, 과장, 점장에게 도장을 받는다. 마지막으로 시스템 주임이 회수하여 월별로 집계를 낸다. 이 방법을 도입하자 쟈스코의 전체 점포 가운데 가격 오류 문제가 없는 점포 순위 3위 안에 들게 되었다.

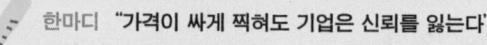

이번 주제는 고객과의 카드를 주고받은 내용이 주가 아니다. 이것은 유머나 농담으로 넘길 수 없는 중요한 사건이다. 비싼 가격의 상품이 싸게 찍혀도 이득을 보았다고 생각하는 고객은 거의 없다. 가격이 쌀 경우 일부러 고충을 말하는 사람은 없지만 기업의 신뢰를 잃는 것은 확실하다. 물건을 판매하는 입장에서는 당연한 일이지만 좋은 상품을 정확한 가격으로 판매하는 것이 말처럼 쉬운 일은 아니다. 가격 오류 문제를 방지하기 위한 방법을 점포 전체에 실시하자 가격에 관한 고충은 많이 줄어들었다. 하지만 종업원을 4, 5교대로 나누고 관련 부서도 늘어나 규칙을 결정하는 것만으로는 충분하지 않았다.

점포 시스템과 전체의 흐름을 이해하고 자신의 책임이 어느 정도의 위치에 있는가를 알면 일에 대한 깊이를 알 수 있어서 실수가 생기지 않는다. 그리고 서로의 작업을 점검하는 것도 중요하지만 무엇보다 그 작업과 관련이 있는 직원들에게 목적과 수단, 방법의 관계를 확실하게 이해시키는 것이 필요하다. 반대로 고객이 우리들의 작업 내용이나 흐름을 점검한다면 문제점을 많이 발견할 수도 있다.

13화

낫또에 소스가 없어!

무기명의 카드는 어떻게 회답해야 할까?

■ **고객으로부터**

낫또(푹 삶은 메주콩을 보자기에 싸서 더운 방에서 띄운 것. 우리 나라의 청국장과 거의 유사하다. 끈적끈적하여 실처럼 늘어나기 때문에 끈기 있는 성격을 비유할 때 쓰기도 한다)에 소스가 빠졌어! 꼼꼼하게 넣으라고 업자에게 설교 좀 해. 알았어?

*   *

이런 내용의 무기명 카드가 상자에 들어 있었다. 난폭한 필체로 어떠한 증거도 없었기 때문에 평소라면 신경 쓰지 않고 그냥 지나쳤을 것이다. 그렇지만 경험상 장난은 아니라는 판단이 들어 대응하기로 했다.

고객을 대할 때는 어떤 일이 있어도 처음에는 고객을 믿는 자세가 필요하다. 이번 경우에는 어린이(필적으로 봐서) 나름대로 낫또를 이미 먹어 버렸기 때문에 소스가 빠진 일을 증명할 수가 없었을 것이다. 이물질이 들어 있었다면 증거로 가지고 올 수도 있지만 지금 이 상품을 보여 줘도 없다는 증명은 하기 힘들기 때문이다.

담당 주임에게 전화를 하자 그럴 리가 없다는 반응을 보였다. 매장에서 상품을 확인하지만, 소스는 안에 들어 있기 때문에 겉으로 봐서는 알 수가 없다. 이런 일은 처음이라는 담당자의 말을 믿고 게시판에 회답을 올렸다.

● **점장의 회답**

그런 일이 있었다니 대단히 죄송합니다. 제조 회사에도 주의를 주었습니다. 사과하는 뜻에서 소스가 들어간 상품을 다시 드리겠으니 꼭 연락을 주십시오.

■ **고객으로부터**

낫또에 소스가 들어 있지 않았다는 카드를 쓴 사람은 접니다. 죄송합니다, 고마운 점장님.(16세 · 남성)

＊　　　　＊

1주일 뒤에 이런 내용의 카드가 왔다. 이 글을 쓴 사람은 쟈스코에서 가까운 사립고등학교의 기숙사생으로, 주소와 전화번호도 적혀 있었다. 이 고등학교는 전국적으로 유명한 스포츠 명문 학교로, 야구는 갑자원(일본에서 가장 인기 있는 전국고교야구대회)에 출전할 정도의 수준이다. 학교는 쟈스코에서 3분 정도의 거리에 위치하고 있어 기숙사생들에게는 쟈스코가 편의점처럼 친근한 존재일 것이다.

어떻게 좀 해봐요, 점장님!

  대단히 죄송합니다. 소스가 빠진 낫또라면 불량품이기 때문에 교환해 드리겠습니다. 학생 기숙사에 계시는 것 같으니 이 엽서를 가지고 서비스 카운터로 오십시오. 그리고 16세의 고등학생이라면 사회에 대한 것을 배울 나이기 때문에 선배로서 충고를 하나 하겠습니다. 자신의 정당성을 주장할 때는 신사적으로 해야 합니다. 싸울 듯한 마음으로 대하면 보통의 경우 문제를 기분 좋게 해결할 수가 없습니다. 시간이 나는 대로 한번 방문해 주십시오. 기다리겠습니다.

                    *   *

  한동안 연락이 없다가 10일 가량 지난 뒤 엽서를 들고 온 소년이 나를 만나고 싶어 한다는 메시지를 받았다. 서비스 센터로 가 보니 스포츠 머리를 한 조그만 체구의 소년이 서 있었다. 매장의 낫또 코너로 함께 가서 상품을 확인하고 현금을 돌려주었다. 그리고 낫또를 선물하자 그 소년은 돈을 환불받은 것으로 충분하다며 받는 것을 거절했다. 나는 피해를 끼친 것에 대한 사과의 뜻으로 드리는 것이며, 다른 불편한 점이 있으면 주저없이 말해 달라고 했다. 그 뒤 소년은 낫또를 들고 기분 좋게 기숙사로 돌아갔다. 고객을 믿는다는 것은 기분 좋은 일이다. 그 소년은 아마도 낫또를 먹을 때마다 쟈스코가 생각날 것이다.
  또 하나, 고객의 정보 제공으로 종업원의 분별없는 태도에 대해 알게 된 경우를 소개한다.

초콜릿의 시식 판매원인 안경 쓴 아주머니가 자신과 아는 사이인 쟈스코의 종업원에게 초콜릿과 제비뽑기를 할 수 있는 경품 응모권 종이를 30장 정도 건네주었다. 고객에게는 1장만 주면서 어떻게 이런 일이 일어날 수 있는지 이렇게 해도 되는지 정말 화가 난다. 나뿐만 아니라 다른 사람들도 여러 명이나 보고 있었는데도 말이다. 초등학생인 내 앞에서 다시는 이런 일을 하지 말았으면 좋겠다. 나도 경품 응모권을 많이 받고 싶다. 어린이라고 해서 바보 취급하지 말기를 ……. 어린이도 고객이니까!

● 점장의 회답

회답이 늦어져서 대단히 죄송합니다. 그때 판매를 했던 사람은 쟈스코의 사원이 아니라 초콜릿 회사에서 나온 사람입니다. 경품 응모권 행사는 2월 1일과 2일, 이틀 동안 실시했습니다. 첫날인 2월 1일은 200장의 용지를 배포했습니다. 이틀 동안 10명에게 돌아갈 시계가 공교롭게도 그날 모두 당첨되어 나머지 경품 응모권은 쓸모가 없어졌습니다. 그래서 경품 응모권에 붙어 있는 인기 탤런트의 스티커를 원하는 사람에게 많이 주었다고 합니다. 하지만 이것은 분명히 공평하지 못한 행동입니다. 앞으로는 이러한 일이 없도록 상품 회사와 함께 지도하겠습니다. 어쨌든 이번 일은 어른으로서 부끄럽게 생각합니다.

＊　　　　＊

이 카드를 받고 당시의 시식 판매원을 불러서 조사하자, "그런

일은 하지도 않았습니다. 사원 휴게실에서 남은 종이를 정리하여
쟈스코 직원에게 건네주었을 뿐입니다" 하고 말했다. 하지만 확인
해 본 결과, 시식 판매원이 말한 사람은 없었으며 거짓말을 한 것
으로 드러났다.

잠깐, 그냥 넘어갈 수는 없어요

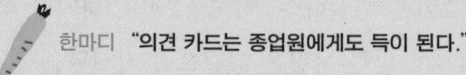 한마디 "의견 카드는 종업원에게도 득이 된다."

점장이 매장을 돌면 종업원과 시식 판매원 모두가 긴장한다. 나는 시식 판매원을 통해 고객과 종업원에 대한 정보를 듣고 싶지만 그들은 묻지 말라는 듯한 미소만 짓고 있다.

고객도 지금까지는 말할 곳이 없거나 말해도 소용없다는 생각 때문에 거의 포기하고 있었다. 하지만 카드 제도를 도입한 뒤부터 점장에게 알리거나 점장이 당연히 고쳐야 할 일이라고 생각하는 사람이 점점 늘어났다.

'내가 카드를 쓰면 이 사람은 혼이 난다. 하지만 나쁜 것은 이 사람이 아니라 일의 짜임새 등이 나쁜데도 말이다. 이것은 종업원 개인의 문제보다 점장의 문제일 수도 있다'는 내용을 보내는 고객도 있다. 이런 내용의 카드는 회사의 구조나 인원 부족 문제를 해결할 수 있는 기회가 되기 때문에 종업원에게도 이득이 된다.

어떻게 좀 해봐요, 점장님!

 14화

개장을 잘못한 것 같아요

고객의 의견에 귀 기울인 개장이 성공한다

■ **고객으로부터**

귀사의 오리지널 브랜드인 톱 밸류의 상품이 너무 많으며, 생산자명이 없어서 조금은 의심스럽다. 그리고 매출이 나쁜 상품은 금세 없어지는데 모두가 파는 물건은 아무 곳에서나 살 수 있다고 생각한다. 하지만 물건이 쟈스코에만 있다면, 예를 들어 1개를 사더라도 일부러 들를 것이다. 쟈스코는 고객의 필요성에 맞춘 물건이 없는 것 같다. 그리고 상품을 중복 진열하고 있어 물건을 사기가 정말 힘들다.

나는 30초의 여유만 있어도 쟈스코에 갈 수 있기 때문에 거의 매일같이 쟈스코에 다니고 있다. 하지만 재개장을 한 뒤로는 물건이 어디 있는지 전혀 알 수가 없다. 또한 아이스크림이나 냉동 식품도 위에 진열된 것은 모두 녹아 있다. 야채는 뜨거운 불빛을 받아 금세 상할 것 같아, 버섯 등은 반드시 냉장 케이스 안에서 고른다. 냄비와 식기 매장도 분리된 뒤로는 번거로워서 이제는 거의 사

잠깐, 그냥 넘어갈 수는 없어요

지 않고 있으며, 약국도 필요 이상으로 너무 넓다고 생각한다. 어
쨌든 재개장 뒤로는 쇼핑하기가 너무 힘들다.(36세 · 여성)

● **점장의 회답**

　대단히 날카로운 지적입니다. 옳은 지적만 하셔서 카드를 읽는
동안 계속해서 머리를 끄덕였습니다. 저도 4월에 이곳으로 전근을
와서 보고 똑같은 의문을 가졌습니다. 좀 더 깨끗하고 편리한 매장
을 만들기 위해 재개장했지만 마무리를 확실하게 짓지 않고 끝낸
부분이 있어서 이렇게 된 것 같습니다.

　톱 밸류는 쟈스코의 PB(오리지널 상품)로 아직 실적이 없기 때
문에 생산자명(공장명)의 기재를 원하신다고 생각합니다. 하지만
이것은 결코 다른 상품에 뒤지지 않는 품질로 만들었습니다. 그러
니 걱정하지 않으셔도 됩니다. 상품의 개폐(상품 구비 품목을 정하
는 것)와 관련해서는 지금 화제가 되고 있는 상품은 빠르게 준비하
고 매출이 나쁜 상품은 제외하고 있습니다. 하지만 앞으로는 그 상
품을 어떤 사람이 무엇을 위해 사러 왔는지를 알려고 노력하겠습
니다. 그 점을 알면 쟈스코에 진열하는 상품을 더욱더 소중하게 생
각할 수 있을 것입니다.

　상품의 위치는 '관련 판매'를 우선으로 생각하여 진열합니다.
이 문제도 계속해서 연구하는 자세로 임하겠습니다. 저 역시 넓은
매장을 이곳저곳 힘들게 돌아다니지 않고 쇼핑의 동선을 짧게 하
는 것이 좋다고 생각합니다. 만약 좋은 의견을 갖고 계시다면 꼭
말씀해 주십시오. 그리고 앞으로도 많은 것을 가르쳐 주십시오.

　나는 1996년 4월에 아오모리 점의 7번째 점장으로 부임했다. 아오모리 점은 1995년에 대대적인 개장 공사를 실시했다. 그 당시에는 식품 부문을 강화하는 것이 업계의 화제였다. 아오모리 점도 생선 상품을 강화하기 위해 16개의 긴 냉장 케이스를 주 통로를 따라 설치했다. 그에 따라 이용하기 편리했던 부엌 용품 부문이 밖으로 이동했고, 약국 매장은 신규 도입 때 공간 활용 관계로 남문 입구에 무리하게 배치하여 공간이 지나치게 넓어졌다.

　남문은 식품 매장의 입구인 동시에 주차장이 가까워 고객은 이곳을 정면 현관으로 생각하는 경향이 있다. 하지만 쇼핑 센터 전체로 보면 후문 취급을 받는 곳이다. 아오모리 점은 성과를 올리기 위해 재개장을 단행했지만 결과가 좋지 않았다. 당시에는 각 사업부 단위로 식품 상품부에 담당자가 있었다. 따라서 거의 매주 점내를 순회하며 16대의 냉장 케이스를 상품부가 책임진다는 전제 아래 공사를 기획했다. 하지만 그때까지 2개 현을 관할하고 있던 상품부가 갑자기 동북 6개 현에 있는 30여 개의 점포를 통괄하여 관할하게 되었다. 더불어 담당자의 순회도 고작 월1, 2회밖에 되지 않아 원래의 계획이 바뀌었다.

　식품은 작은 상권으로 경쟁이 과열될 때는 가깝게 사는 고객이 중심 상권이 된다. 그러므로 그 상권의 고객이 매장에 내점하는 빈도를 높이기 위한 세심한 배려가 필요하다. 하지만 대용량의 냉장 케이스에는 며칠씩 보관할 수 있는 상품만 진열되어 있어 고객을 끌어들이기는커녕 오히려 발길을 돌리게 만들었다. 고객은 신선한 식품을 사기 위해 쟈스코에 들렀는데 신선 식품보다는 냉장 식품만

들어 있기 때문이다. 여기에 매장 표시판마저도 보기 어렵게 되어 있었다. 부임해서 느낀 이런 여러 가지 사항들을 고객의 입을 통해 직접 지적을 받으니 수긍할 수밖에 없었다.

■ 고객으로부터

다른 곳에서 구할 수 없는 물건들이 있어서 많은 도움이 되지만 상품의 진열 방법은 좋지 않은 것 같다. 같은 종류의 상품이 서로 떨어져 있어 찾는 것이 어렵고, 매장에서 근무하는 점원들도 모를 때가 있다. 야채를 저울에 달아서 파는 것은 큰 도움이 된다. 하지만 대형 카트 등이 통로에 방치되어 있어 다니는 데 방해가 된다. 또한 통로에 상자만 두고 점원이 없을 때도 있다. 영업 시간 중에는 되도록 고객에게 방해가 되지 않았으면 좋겠다. 그리고 계산하는 분들도 웃는 얼굴로 일을 해주었으면 한다. 기분이 나쁠 때가 많다. 점원은 고객과 얼굴을 직접 대하며 일을 하므로 가게의 얼굴이라고 생각한다.(24세 · 여성)

● 점장의 회답

안녕하세요? 저는 아오모리 점의 점장입니다. 이곳은 많은 고객이 이용해 주시는 곳입니다. 고객 분들께 감사 표시를 아무리 해도 지나치지 않다고 생각합니다. 그런데 이 같은 지적을 받고 다시 한 번 생각해 보면, 고객에 대한 고마움과 감사의 마음이 매일같이 되풀이되는 분주함에 치어서, 그 마음을 태도로 보이는 일을 잠시 잊었던 것 같습니다. 상품을 진열하는 양이 많아서 힘들기도 하지만 앞으로는 주의하겠습니다. 그리고 항상 웃는 얼굴로 고객을 맞이

어떻게 좀 해봐요, 점장님!

하도록 노력하겠습니다. 식품 매장은 일부 상품명의 표시를 크게 했습니다(5월 19일부터). 앞으로도 조금씩이나마 개선하도록 노력하겠습니다. 감사합니다.

＊　　　　＊

　의견 카드 제도를 고맙게 생각하는 이유는 이 같은 사례 때문이다. 먼저 고객이 점장에게 충고를 해주어 그 일을 확인하게 하고, 그것을 본 다른 고객이 다른 각도에서 충고하고 평가해 준다. 카드 내용의 대부분은 그 즉시 해결하기 힘든 내용이지만 나의 숙제이므로 항상 메모하고 있다.

　고객의 충고를 듣고 1년 뒤에 슈퍼마켓 구역의 배치를 처음부터 다시 했다. 부엌 용품 매장은 원래 있던 곳으로 되돌려 놓고, 약국도 입구에 화장품 코너를 설치하여 좀 더 좋은 위치에 적절한 규모로 재개장했다. 그리고 남문의 쟈스코 현관은 수천만 엔을 투자하여 수동에서 자동문으로 바꿨다. 물론 이 모두가 고객이 보낸 카드에 보답하기 위해 돈을 쓴 것은 아니다. 개장이 필요한 부분을 살피는 과정에서 고객의 카드가 귀중한 의견의 하나로 받아들여진 것이다.

　고객의 의견은 각 사안마다 중요도가 틀리지만 현안과 함께 검토하여 경영상 문제가 있는 경우는 그대로 방치할 수가 없다. 하지만 여기서 중요한 것은 고객의 불만을 해결하는 것만으로는 고객의 만족도가 높아지거나 매상이 오르지 않는다는 사실을 깨닫는 것이다. 그동안 이 사실을 알지 못해 '이렇게까지 개선하고 있는데 왜?' 라는 생각이 들 때가 있었다. 하지만 고객은 '모두 마음속으로 생각하고 있었지만 쟈스코가 가르쳐 달라고 하지 않았기 때문에 말하지 않은 것뿐이다. 그리고 그것을 개선했다고 해서 잘난 척할 필요는 없다. 좋지 않았던 상황이 조금 정리가 된 것뿐이니까' 라고 생각한다.

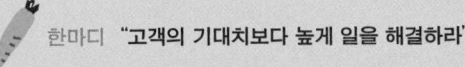

　　새로운 점장이 부임하면 고객은 기대 심리가 발동하여 지금까지는 말하지 못했던 일이나 체념하고 지냈던 일 등을 잘 가르쳐 주려고 한다. 이때 확실하게 대응하면 그 다음부터는 중요한 정보나 조언을 많이 얻을 수 있다. '우리 점포는 카드가 적게 온다'거나 '좋은 의견이 오지 않는다'고 아무렇지 않게 말하는 점장이 더러 있다. 하지만 그것은 고객이 '알려 줘도 시간 낭비가 되므로 말하지 않게 됐다'는 의미다.

　　고객이 카드 1장에 들이는 비용과 노력은 매우 크다. 먼저 사실을 확인(언제, 어디서, 어떻게 등의 질문을 받으면 그 사건을 증명하기 위해 들이는 노력)하는 것이 필요하다. 그 다음에는 상대방을 납득시킬 만한 방병을 찾아야 한다. 마지막으로 기껏 썼는데 남을 괴롭히기 위해 일부러 썼다는 오해를 받을지도 모르기 때문에 자신의 연락처나 이름을 남기는 것에 대해 망설여야 한다. 그렇게 망설인 뒤에 1장의 카드가 도착하는 것이다. 그러므로 이에 대해 둔감한 반응을 보이면 카드를 보낸 사람은 '이것은 시간 낭비며 점장도 소용없어'라고 생각하여 점차 아무 말도 하지 않게 된다.

　　점장은 좋은 일이든 나쁜 일이든 화제를 제공하므로 새로 부임한 점장은 시작을 어떻게 하느냐가 중요하다. 고객도 처음에는 몰래 테스트를 하며 지켜보기 때문에 그것을 재빠르게 간파하여 대응하는 것이 중요하다. 어떻게 하면 고객을 만족시킬 수 있을 것인가는 나의 영원한 과제지만, 고객이 기대하는 이상의 수준으로 일을 먼저 해결해야 한다. 다음 단계는 같은 실패가 재발하지 않도록 방지 대책을 세우고, 시스템에 근본적으로 적용하는 행동 원칙을 만드는 것이다.

모든 카드는 제각기 중요한 정보를 제공한다. 카드가 오지 않는 것도 정보가 될 수 있고, 만약 카드가 왔다면 오게 된 이유를 여러 각도에서 생각해야 한다. 그리고 카드의 내용이 이해되지 않을 때는 부끄럽더라도 좀 더 자세히 알려 달라는 회답을 하는 것이 좋다. 묻는 것은 한순간의 부끄러움이지만 묻지 않으면 평생의 부끄러움이 된다.

15화 점자 블록 위의 자전거를 처리해 주세요

'하트 빌딩법'을 전국 최초로 적용한 점포

■ **고객으로부터**

쟈스코의 입구에는 점자 블록이 설치되어 있습니다. 하지만 자전거가 항상 방해하기 때문에 눈이 보이지 않는 사람은 불편할 것입니다. 어떤 조치를 취해 주세요.(18세 · 남성)

*   *

이 카드를 읽고 '올 것이 왔구나'라고 무심코 중얼거렸다. 미나가타 점은 1994년 12월 1일에 전국 최초로 '하트 빌딩법'을 적용하여 개점했다. 하트 빌딩법은 고령자, 신체 장애자들이 이용하기 쉬운 건축물의 촉진을 목적으로 1994년 6월에 만들어졌다. 이 법률은 공공 건물 설비에 관한 것으로 건설성이 관할하고 있다. 미나가타 점은 건물 외측의 보도 위에 점자 블록이 100미터 가량 설치되어 있으며, 이것은 점 내의 서비스 카운터 앞까지 이어진다. 또한 대형 엘리베이터(단층 건물이지만 옥상 주차장으로 통하는 엘리

잠깐, 그냥 넘어갈 수는 없어요

베이터가 2곳이 있다)나 화장실에서도 휠체어를 탈 수 있도록 했다. 휠체어 이용자를 위해 점 내 입구에서 가장 가까운 장소에 14대의 주차 공간을 마련했지만, 일반 고객이 사용하는 경우가 많아 불만이 끊이지 않았다. 그 때문에 주차장 전문 경비원을 배치하기도 했지만, 점자 블록 위의 자전거까지는 미처 배려하지 못한 것이다.

● 점장의 회답

걱정해 주셔서 감사합니다. 아시다시피 미나가타 점은 하트 빌딩 법을 전국 최초로 적용하여 몸이 불편한 고객을 위해 여러 가지를 배려하고 있습니다. 하지만 건강한 사람들의 이해와 협력이 부족하여 곤란한 점이 많습니다. 모든 분들이 고객님의 생각과 같기를 바라며 다른 분들의 협력도 구하도록 하겠습니다.

■ 고객으로부터

점장님의 입장이 곤란하다는 것을 잘 알겠습니다. 다른 사람에게도 협조를 받을 수 있도록 간판 등을 이용하여 표시를 하는 것이 어떻겠습니까? 그렇게 한다면 협력하는 사람도 늘어날 것이라고 생각합니다.

＊　　　＊

그 다음 주에 이런 답장이 왔다. 총무 과장과 설비 담당자를 불러 현장을 점검한 뒤, 자전거를 세우는 주륜장 공간은 오렌지 색깔의 선을 긋고 간판도 크게 보이도록 설치했다. 그러자 다음날부터 점자 블록 위에 자전거를 세우는 일이 거의 없어졌다.

점자 블록에 관해 의견 카드를 보낸 사람입니다. 자전거와 오토
바이를 세우는 장소가 명확해졌다는 말을 듣고 직접 가서 확인을
했습니다. 정말로 1주일 만에 새롭게 만들어졌더군요. 앞으로도
분발해 주세요.

● 점장의 회답

기념할 만한 1,000장째의 의견 카드입니다. 감사합니다. 그리
고 지적해 주신 사항에 대해서 해결 방법을 찾기 위해 직원 모두가
검토했습니다. 역시 고객의 의견을 직접 듣는 것이 참고가 됩니다.
앞으로도 좋은 의견과 조언을 부탁 드립니다. 모든 고충 사항을 한
꺼번에 개선할 수는 없겠지만 조금씩이나마 나아지도록 계속 노력
하겠습니다.

*　　　　*

하트 빌딩법을 적용한 전국 최초의 점포라는 유명세 덕분에 개점
직후부터 전국의 자치 단체나 장애자 단체, 매스컴 등에서 견학이
줄을 이었다. 더욱이 건설청의 계몽 비디오에도 등장하고, '사람에
게 부드러운 쟈스코'라는 방향성을 재확립하는 계기도 되었다. 그
뒤 이온 그룹이 개장하는 모든 점포 시설에는 이 법을 적용하고 있
으며, 하트 빌딩법을 적용한 제2호 점도 이온 그룹의 점포였다.

미나가타 점이 하트 빌딩법의 제1호 점포가 되기까지는 많은 에
피소드가 있다. 미나가타 점은 센다이에서 차로 1시간 30분 정도
걸리는 곳으로 1994년에 도우메이궁 미나가타 읍내에 개점했다.

읍의 인구는 9,800명 정도이며, 신칸센이나 고속도로에서 먼 한적한 마을이다. 도우메이궁야 읍 전체를 통틀어도 10만 명 정도의 상권이다. 그곳에 1만 3,000평방미터의 거대한(그 지역에서는) 쇼핑 센터가 탄생한 것이다. 논을 정리한 땅 위에 건물을 세웠기 때문에 주위에 보이는 것이라고는 온통 논뿐이었다. 이것을 보고 경쟁 쇼핑 센터의 한 관계자는 "저런 곳에서 장사가 된다면 물구나무를 서겠다"고 장담했을 정도다.

나는 1994년 5월에 인구 30만 명의 아키다 시에 있는 점포에서 일하다가 미나가타 점의 개설 위원장으로 왔다. 처음 발령 지시를 받았을 때는 미나가타라는 마을이 어디에 있는지조차 몰랐을 정도로 이곳 사정에 익숙해지기까지 무척 힘이 들었다. 건물 쪽은 이미 계획이 진척되고 있었지만 동북 지방의 본부에서 나온 건설부 담당자가 하트 빌딩법을 이야기하여 팸플릿을 받아 보았다. 대부분은 쟈스코가 지금까지 사용한 설비여서 조금만 손을 보면 통과할 것 같았다. 건설부 담당자와 영업 책임자에게 이런 의사를 타진하자 예산이 늘어나는 것은 찬성하기 어렵다며 마음 내켜 하지 않았다.

고객 서비스 부서의 담당자와도 상담했지만, "전국 최초라는 것은 대단한 일이지만 수화를 할 수 있는 사람이 10명이나 필요하고, 정확하게 대응할 수 없으면 회사도 곤란하다. 관계 부서와 조정할 필요가 있다"는 말을 하며 대신에 다른 회사의 새로 개장한 점포 자료를 건네주었다. 그 매장의 경우 장애자가 직접 운영하는 가게도 있고, 수화를 할 줄 아는 사람을 10명 정도 확보하여 만전의 준비를 하고 있었다. 하지만 그 자료를 보면서 '장애자들이 정말 바라는 것이 전문가의 완벽한 관리 아래 접대를 받는 것일까?'

어떻게 좀 해봐요, 점장님!

하는 의문이 들었다.

　그리고 미나가타 지역의 시장 상황을 조사하면서 여러 가지 새
로운 사실을 알 수 있었다. 인구는 고작 9,800명이지만 1세대당
사람 수는 4명에서 7명으로 많은 편이며 3대가 함께 사는 집도 꽤
많았다. 그렇다면 거동을 하지 못하는 노인도 함께 살 것이고 가족
의 유대 관계도 비교적 강할 것 같았다. 또한 이 마을 한가운데는
노인 시설과 정신 지체 장애자의 시설이 있다. 도시에서는 누구나
한결같이 건립을 반대하는 시설이 이곳에서는 마을의 중심에 세워
져 있다.

　이러한 여러 가지 사실을 알게 되자, '이렇게 넓은 토지에 왜 꼭
단층 건물을 지어야 되지? 멀리서도 눈에 잘 띄도록 2층으로 지으
면 좋을 텐데' '고령자나 장애자를 위해서는 상하 이동이 없는 쪽
이 편할 텐데……. 그렇다면 이러한 건물이 이곳에 적합하지 않을
까' 하는 생각이 들었다. 그때 결정적으로 마을 내의 공무원(그도
장애자다)과 이야기를 나누던 중 "이 지역에도 슈퍼마켓은 있고,
그곳에 가면 친절하게 맞아 주어서 고맙게 생각한다. 하지만 가게
에 오기 전에 반드시 전화를 하고, 다른 고객에게 폐가 되므로 가
능하면 주말에는 피해 달라는 말을 들었다. 그런 말을 들어도 어쩔
수 없다고 생각한다. 우리들은 나라의 세금 신세를 지고 있으
니……"라는 말을 들었다.

　그 즈음 건설부 담당자가 더 이상 신청을 미룰 수 없다며 결단을
강요했고, 고객 서비스 부서의 담당자도 비록 전문가는 없지만 따
뜻한 마음과 친절한 응대로 고객을 맞이하면 좋지 않겠냐고 말했
다. 나 역시 다른 의견은 없었다. '결과로 인정받지 않아도 고객이

기뻐해 주면 그것으로 만족할 수 있다. 미나가타 지역의 특성에 맞는, 그리고 마을 사람들이 자랑스럽게 생각할 수 있는 가게를 만들자는 각오를 다졌다. 다만 건설부의 담당자가 "사실 이 법률은 건물 확인 신청 때 함께 해야 하는데 이번에는 공사 도중이어서 안 될지도 모른다"는 말을 하여 내심 불안했다.

개점을 앞두고는 복지 단체의 협력을 받아 휠체어를 체험하거나 맹인들을 위한 보행 훈련, 수화 훈련 등을 연습했다. 이런 일들이 개점 날짜가 가까워진 10월 19일자의 신문에 소개되었다. 상사는 사전에 보고하지 않은 것만을 지적했을 뿐 특별한 질책은 하지 않았다. 하트 빌딩법은 시설에 관한 규정만 건설청이 관할하고 있기 때문에 현실에 맞게 개정할 부분이 많았다. 예를 들면, 이미 설치한 가게 앞의 공중 전화 박스를 휠체어에 맞는 것으로 바꾸고, 전화 카드 판매기도 밑부분을 잘라서 휠체어에 앉은 채로 살 수 있도록 변경하는 것 등이다. 그 밖에도 장애인의 관점으로 보면 당연히 개선해야 할 점이 많다. 점자를 부착했으니 좋아하겠지, 하고 생각해도 시각 장애자가 사용하여 편하지 않으면 아무런 쓸모가 없다. 이러한 것들은 우리의 자기 만족에 지나지 않는다. 그러므로 마음을 담아서 진심으로 생각하고 가능한 것은 모두 개선하려고 노력했다. 이러한 내용은 회사 내의 노하우로 비축하여 새 점포를 개발할 때 활용하고 있다.

여기서 실패 사례 하나를 소개하겠다. 개장한 지 얼마 지나지 않아 계단의 손잡이가 아프다는 의견 카드가 왔다. 그 부분은 사실 손잡이만 잡아 보고 통과시켰다. 하지만 고령자는 자신의 모든 체중을 손잡이에 실어 손을 미끄러지게 하기 때문에 손잡이와 벽

사이를 연결하고 있는 사각형의 금속이 찍찍 소리를 내며 50센티미터 간격으로 손에 부딪치는 것이다. 이 문제는 테이프를 손잡이에 감아 원활하게 사용할 수 있도록 했다.

나는 개점을 하기 전에 장애자를 접대하는 3가지 규칙을 만들었다.

첫째, 신체 장애자를 만나면 반드시 말을 걸어서 도움이 필요한가를 확인한다.

둘째, 처음에 만난 사람이 책임을 갖고 대처한다. 인계할 때는 좀 더 나은 서비스를 할 수 있는 사람에게 인계한다.

셋째, 다른 어떤 일보다 위의 일을 최우선의 일로 한다.

하지만 첫 번째의 규칙은 곧바로 중단했다. 종업원들이 일일이 말을 거는 것이 싫었는지 얼굴을 외면하는 사람이 많았기 때문이다. 배려의 차원에서 행동했던 것이 오히려 간섭으로 느껴진 것 같았다.

그 밖에도 배운 점이 많았다. '장애는 개성' 이라는 점이다. 휠체어를 타는 사람에게는 점포 안에 설치된 점자 블록이 귀찮은 장애물이 되지만, 시력이 약한 사람에게는 생명의 줄이다. 점 내에 설치한 황색 점자 블록을 보고 직원 중의 한 사람이 "주위와 조화를 이루는 색으로 하는 것이 어떨까?"라고 말했지만, 시력이 약한 사람에게는 황색이기 때문에 쓸모가 있는 것이다. 일반 고객에게도 '이곳은 이러한 일에 배려를 하고 있는 가게' 라는 호감을 심어주고, 발에 걸려 넘어지는 것도 예방할 수 있다. 그리고 입구에는 비상 사태가 발생하면 도움을 청할 수 있도록 인터폰을 설치했다.

사람을 배려한 시설은 신체 장애자나 노인뿐만 아니라 모든 사람에게 편안함을 선물한다. 신체가 건강한 사람과 불편한 사람의

잠깐, 그냥 넘어갈 수는 없어요

경계는 없다. 사람은 누구나 조금씩 나이를 먹으면 약해진다. 예를 들면, 임산부나 골절상을 당한 청년의 경우 그 상황에서 벗어날 때까지는 장애자라고 말할 수 있다. 이 점을 느낀 것은 내게도 큰 발견이었다.

어떻게 좀 해봐요, 점장님!

"신체 장애자를 배려한 슈퍼마켓이 얼마나 있을까?"라고 말하는 사람이 있다. 하지만 앞으로는 신체 장애자를 위한 설비나 서비스가 특별한 것이 아닌 일반적인 일이 될 것이다. 흔히 대응 방법이나 배려가 중요하다고 말하지만, 그것을 뒷받침할 만한 시설도 함께 있어야 한다. 마음이나 배려가 중요한 것은 두말할 나위가 없다. 건강한 사람은 이 말을 쉽게 할 수 있지만 사람의 마음은 한결 같기가 어렵다. 그러므로 배려와 시설을 함께 준비하여 편안하고 자유롭게 사용할 수 있도록 만들어야 한다.

나는 하트 빌딩법을 적용한 제1호 점포에서 근무한 덕분에 귀중한 경험과 공부를 할 수 있었다. 똑같은 것을 보고 있어도 느끼고 이해하는 방법은 사람마다 다르다. 당연한 말 같지만 대화의 중요성을 다시 한번 깨닫게 되었다.

16화 · 팬이기 때문에 쓴 소리도 합니다

고객은 숨어 있는 품질 감시자

■ **고객으로부터**

　남편이 쟈스코의 오리지널 브랜드인 톱 밸류의 인스턴트 미소 (된장)국을 좋아해서 정기적으로 구입하고 있습니다. 6월 30일과 7월 7일에 구입한 미소는 유통 기간이 지난 제품으로, 6월 20일이 라는 날짜가 찍혀 있었습니다. 영수증을 버려서 반품은 못했지만 계속 신경이 쓰여 매장에 있는 상품을 확인해 보았습니다. 하지만 7월 10일인 오늘도 똑같은 물건(유통 기한이 6월 20일로 찍혀 있는 것)이 진열되어 있었습니다. 확인하지 않은 채 물건을 산 것은 나 의 실수지만, 절반은 쟈스코를 신용하여 믿고 산 것입니다. 귀사의 재고 관리에 대한 생각을 묻고 싶습니다.(32세 · 여성)

● **점장의 회답**

　정말 죄송합니다. 고객이 지적한 상품인 '시로 미소(하얀 된장)' 와 '아카다시(붉은 된장)' 중에 아카다시만이 6월 20일로 되어 있었습니다.

상품은 기본적으로 매장 담당자가 정기적으로 점검하며, 그 밖에 상품을 보충할 때마다 확인하고 있습니다. 이번 실수는 담당자의 교대 과정에서 전달이 제대로 이루어지지 않은 것과 판매 저조로 상품을 보충하지 않아 생긴 것 같습니다. 앞으로는 더욱더 주의하도록 하겠습니다. 이번에는 상품을 교환해 드릴 테니 빈 봉지를 가지고 오십시오. 다시 한번 사죄의 말씀을 올립니다.

■ 고객으로부터

저는 평상시에 쟈스코를 자주 이용하고 있습니다. 물건의 종류도 다양하고 신선한 물건이 많아서 여러모로 도움을 받고 있습니다. 다만 말하고 싶은 것은 가끔 파가 상해 있는 것입니다. 특히 3뿌리가 들어 있는 파를 집에 돌아와 자르면 속이 많이 상해 있거나, 양배추를 반으로 잘라 보면 안쪽이 상하여 먹을 수가 없습니다. 신선도를 유지해야 하는 식품에 대해서는 좀 더 세심한 주의를 기울여 주시면 감사하겠습니다.(24세 · 여성)

● 점장의 회답

저희 매장을 자주 이용해 주셔서 감사합니다. 그리고 여러 가지 폐를 끼쳐 드려서 죄송합니다. 지적하신 부분은 현재 품질 담당자가 중점적으로 관리하고 있습니다. 상품을 입하할 때나 진열할 때, 그리고 영업 중에도 수시로 점검하고 있습니다. 하지만 양파처럼 겉에서 발견하기 어려운 것 때문에 문제가 생기기도 합니다. 어떤 이유든 불량품을 판매하는 것은 저희들의 부끄러움이라고 생각하고 있습니다. 정말 죄송합니다.

■ 고객으로부터

1팩에 500엔 하는 방어 생선회를 구입하여 먹는 도중 뼈가 붙어 있는 회를 발견했습니다. 다행히 그 회를 제가 먹어 큰 일은 없었지만, 앞으로는 좀 더 주의했으면 합니다. 뼈를 함께 동봉합니다.(27세 · 여성)

● 점장의 회답

정말 죄송합니다. 눈에 보이는 뼈는 전용 제거기로 제거하지만 덩어리로 판매하는 상품은 속에 들어 있는 것도 있습니다. 가정에서 회를 뜨실 때는 주의하시기 바랍니다. 식품은 무엇보다 안전이 중요하므로 더욱더 주의하겠습니다. 그리고 책임자가 사죄의 뜻으로 회를 보내 드렸습니다. 앞으로도 문제가 발생하면 말씀해 주십시오.

＊　　　＊

위와 같은 정보를 얻을 수 있다는 것은 대단히 감사한 일이다. 고객은 소중한 돈을 사용하여 장을 보기 때문에 상품을 신중하게 확인하며 선택한다. 매장을 책임지는 담당자도 엄격하리만큼 신중을 기하는 고객은 당해 낼 수가 없다. 그러므로 식품에 대한 불평이 들어오면 다음과 같은 원칙에 의거하여 대응한다.

첫째, 불량품이나 의심스러운 품질에 대한 불만이 들어오면 최대한 연락을 빨리 취한다.

둘째, 환불할 돈을 가지고 간다(영수증은 불필요).

셋째, 대용품을 준비한다.

넷째, 그 다음날에 반드시 원인과 대책을 보고한다.

먼저 정해진 규칙에 의거하여 상품 부서에 연락하고, 현물을 매장에서 철거하고, 당일 판매 실적 등을 신속하게 확인하여 본사에서 전국의 점포에 지시를 내린다. 그 다음에는 문제의 상품을 회수하여 사죄하고, 돈을 돌려주고, 사죄의 상품을 선물한다. 이 단계까지 와야 그나마 고객의 이해를 구할 수 있다. 이때 고객에게 대응하는 가장 기본적인 방법은 문제가 된 그 상품을 반드시 고객의 눈앞에서 한입 먹는 것이다. 물론 이러한 행동은 위생상 좋은 방법이 아니며 때때로 증거 은폐라는 오해를 사기도 한다.

일단 고객에게 양해를 구하고 고객과 같은 체험을 할 마음의 준비를 한다. 예를 들면, '새우 회가 부패했다' 는 고충을 접수했을 때 "냄새가 아주 지독해. 어떻게 이런 것을 먹을 수 있어?" 하고 화를 내는 고객의 눈앞에서 새우 1마리를 덥석 집어서 입에 넣는다. "그렇게 말씀하시니 신선도가 확실히 떨어지는군요. 다시 한번 먹어 보겠습니다" 하고 다시 먹으면, 고객은 '괜찮은데 내가 너무 심하게 화를 냈나?' 하는 생각을 하게 된다. 그때 성의를 다해 사죄하고, 돈을 돌려주고, 신선한 회를 선물하면 해결의 실마리가 보인다. 반면 새우를 코앞에 쳐들고 냄새가 난다고 말하거나 찡그리는 얼굴로 상품을 살피면 상한 제품을 먹었다는 생각 때문에 고객의 노여움은 배로 증가한다.

식품 관리에 대한 고객의 관심이 갈수록 엄격해지고 있다. 그러

잠깐, 그냥 넘어갈 수는 없어요

므로 만일의 사태에 대비하는 철저한 준비가 필요하다. 가끔 무표정한 얼굴로 "돈으로 돌려드리겠습니다"라든가 "죄송합니다. 앞으로 조심하겠습니다" 하고 대충 얼버무리는 경우가 있다. 하지만 이런 식의 대응은 기업의 신뢰를 무너뜨린다. 이 경우 고객은 '돈으로 되돌려주는 것은 당연하다. 앞으로 저 상품은 절대 사지 말아야지' 하고 생각한다. 고객이 환불을 해주거나 다른 상품으로 교환만 해주면 좋다고 생각할 때 기대 이상의 대응을 하면 점포에 대한 고객의 인상이 순식간에 좋아진다.

매장에서 얼굴을 익힌 고객이 "지난번에 산 무의 속이 상해서 못 먹었어요" 하고 플렉스(flex : 유동적인 체제로 일하는 사원) 사원에게 말을 걸었다고 가정해 보자. 이 경우 대부분의 고객은 그냥 지나치는 말로 이야기했을 뿐 돈을 돌려받겠다는 생각은 하지 않는다. 더욱이 증거나 계산서도 없으므로 그 이상은 기대하지 않는다. 하지만 이럴 때일수록 사죄를 한 뒤 이상이 없는 상품을 가지고 와서 시험해 달라고 부탁해야 한다. 이때 최악의 경우는 "저는 잘 모르겠습니다. 책임자를 부를 테니 잠시 기다려 주십시오"라고 말하며 기분 나쁜 침묵의 시간을 만드는 것이다. 고객은 그냥 말만 한 것이므로 책임자에게 심문 당하는 듯한 기분 나쁜 시간을 갖기 싫다는 마음이 생기기 때문이다.

보고는 일을 모두 처리한 뒤에 해도 괜찮으며, 만약 상사에게 이 일로 질책을 듣는다면 '평소 점장님께서 교육시킨 대로 했을 뿐'이라고 대답하면 된다. 나는 평소에 고객의 불만을 접하면 다음의 3가지 원칙대로 행동할 것을 직원들에게 강조하고 있다.

첫째, 고객이 바라는 대로 행동한다.

둘째, 가게의 신용과 평판이 높아지도록 행동한다.

셋째, 점장님이 이 장소에 있었다면 아마 이렇게 할 것이라고 생각되는 행동을 한다.

그리고 상사나 점장을 부를 경우에는 모든 일 처리를 끝낸 뒤 "점장님께서도 사죄할 것입니다. 조금만 기다려 주십시오" 하며 부르는 것이 가장 좋다.

잠깐, 그냥 넘어갈 수는 없어요

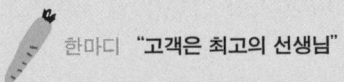
한마디 **"고객은 최고의 선생님"**

　이러한 이상적인 방법으로 고객의 고충을 해결할 수 없다고 생각하는 사람이 많이 있다. 하지만 의견 카드에 대한 회답은 직원을 교육시키는 최고의 방법이다.

　고객이 의견 카드를 보내어 잘못된 점을 우리에게 가르쳐 주는 이유는 무엇일까? 그것은 문제를 해결해 준다는 것을 알기 때문이다. 직원은 여러 가지 상황에 대처하는 방법을 공개되는 회답을 통해 배울 수 있다. 점장이나 직책이 높은 사람은 원칙을 강조하여 부하를 지도하기 쉽지만 현실에서는 원칙이 정확하게 맞아떨어지지 않는다. 여러 가지 경험을 겪은 뒤에야 비로소 원칙이 몸에 배기 때문이다. 그러므로 원칙을 가르쳤기 때문에 바로 응용할 수 있다는 생각은 무리가 있다. 이를 뒷받침하듯 의견 카드를 받을 때마다 '고객은 최고의 선생님' 이라는 사실을 거듭 확인하게 된다.

제4장
종업원을 해고해 주세요

17화

대응이 너무 불성실합니다

고객 만족을 위한 대책 회의 실시

■ **고객으로부터**

　지난번에 상품을 물어봤는데 직원이 몹시 기분 나쁘게 대했습니다. 3번씩이나 갔는데 미안하다는 사과도 하지 않았습니다. 이제 다시는 그곳에 가고 싶은 마음이 들지 않습니다. 그 사람은 가전제품 매장에 있는 ○○라는 사람입니다. 그만두게 하는 것이 좋을 겁니다. 이 카드는 게시판에 올리지 마세요.

＊　　　　＊

　이러한 편지는 신중하게 대처해야 한다. 실명 연락처를 밝힌 것은 분명한 사실이라는 것을 뜻하며, 또한 연락을 해 달라는 의사 표시다. 고객과 종업원의 이야기를 맞춰 보면 고객이 화가 난 이유를 알 수 있다. 하지만 종업원은 '항상 똑같이 접대했을 뿐인데, 왜?' 하고 반문을 한다. 이때가 바로 점장의 수완을 보일 때다.

● 점장의 회답

이 고객은 TV를 사기 위해 지난 12월 10일 가전제품 매장에 갔습니다. 그 당시 담당이었던 A씨가 내일 입하한다는 말을 하여 고객은 11일 10시 30분경에 다시 왔습니다. 하지만 그날 담당인 B씨는 "이 상품은 10대 한정인 광고 상품으로 오늘은 2대만 들어왔습니다. 나머지는 내일 이후에 입하됩니다. 어제 예약을 하셨다면 어떻게든 할 수는 있지만……. 그렇지만 내일 다시 들어올 예정이니 오늘 예약을 하시겠습니까?" 하며 예약을 권했습니다. 결국 그 고객은 12일에야 원하던 TV를 살 수 있었습니다.

고객은 A씨와 B씨가 같은 사람이라고 생각했기 때문에 '왜 어제 예약하라고 말해 주지 않았을까? 너무 무성의하다'고 화를 내신 것입니다. "이런 눈 속에 몇 번이나 오게 되어 짜증이 난다. 물건을 팔 마음이 있는지 의심스럽다"는 꾸중을 들었습니다. 앞으로 이런 일이 또다시 일어나면 안 되기에 대책 회의를 열어 다음의 규정을 정했습니다.

"고객의 문의가 있는 광고 상품이나, 유행을 타지 않고 꾸준히 팔려 매장에 항상 진열하는 상품의 재고가 없을 때는 예약을 받습니다. 그리고 상품이 들어오는 대로 연락을 취하며, 배달을 희망할 경우에는 입하하는 즉시 배달합니다. 그 밖의 수리품에 대한 접수 방법에 관해서도 규칙을 정했습니다."

*   *

위의 의견 카드는 고객이 원하는 대로 게시판에는 올리지 않고, 종업원용에만 이름 없이 사례 연구로 회답을 게재했다. 그리고 재발을 방지하기 위해 대책 회의를 실시하고, 그 결과를 종업원용 게시판에 올렸다.

【 가전제품 매장에 오는 고객을 만족시키기 위한 대책 회의 】

실시 : 12월 21일 9~10시

1. 고객의 문의가 온 상품이나 광고 상품의 재고가 없을 경우
   • 먼저 예약을 받고 입하하면 연락을 바로 취한다.
   • 고객이 배달을 희망하면 배달 전표에 기입하고, 입하 즉시 배달한다.
   • 문의를 받은 사람은 인계서에 기입하고 담당자에게 인계한다.

2. 고장난 제품을 접수받을 경우
   • 보증 기간 내의 고장인 경우 : 현재 판매하는 상품은 신품으로 교환한다.
   • 보증 기간이 지난 경우 : 제조 회사의 서비스 센터에 내용을 설명하고 무료 보증을 의뢰한다.
   • 불가능한 경우 : 서비스 담당자를 통해 고객에게 직접 설명해 줄 것을 부탁한다.

3. 고장난 제품이나 특수 주문품의 보관 장소에 대해
   · 2곳의 계산대에서 접수한 물품을 각각 보관하기 때문에 상품을 찾는 데 시간이 걸려 고객을 기다리게 한다.
   · 고장난 제품과 특수 주문품의 전표 준비, 그리고 상품의 보관 장소를 한곳으로 하고 담당자가 아닌 사람도 바로 알 수 있도록 한다.

어떻게 좀 해봐요, 점장님!

　이번 사례는 고객의 구체적인 꾸중이 없으면 실제로 고객에게 잘 전달되고 있는지를 알 수가 없다. 특히 고객의 입장에서 보면 가전제품은 자주 사는 물건이 아니기 때문에 '그런 것인가?' 하고 단념해 버린다. 반면 매장에서는 광고 제품이 내일 들어오는 것을 알면서도 오늘 예약 주문을 받으면 내일 들르는 고객에게 불공평하다고 생각하는 사람이 있다. 그 때문에 틀에 박힌 응수로 대응하는 것이다. 이번 경우처럼 다음날에 응대했던 B씨가 정중하면 할수록 전날 A씨의 불친절한 응대가 생각나서 고객은 더욱더 화를 내는 것이다. 물론 10대 들어올 예정이던 물건이 2대밖에 입하하지 않은 것도 큰 영향을 끼쳤다. 정확하게 10대가 들어왔다면 그 고객은 TV를 살 수 있었을 것이고, A씨의 응대도 불성실하게 보이지 않았을 것이다.

　여기서 생각해야 할 것은 앞날을 예측하여 대응하는 것이다. 고객도 직원의 회답을 받으면 확인 사항을 꼼꼼하게 점검하는 것이 좋다. 그러므로 이러한 문제는 의견 카드의 회답만으로는 해결할 수가 없다. TV를 산 고객은 과거에 피해를 본 여러 가지 일들이 쌓여 화가 폭발한 것으로 보였다. 다행히 오해는 풀었지만 다시는 가지 않겠다는 말을 듣고도 즉시 행동하지 않는다면, 그 고객 한 사람을 잃는 것이 아니라 그의 가족, 친척, 친구까지 함께 잃는 것이다. 우리들은 의식적이든 무의식적이든, 관행처럼 회사의 규칙이나 상식을 고객에게 강요하는 버릇이 있다. 하지만 고객에게 그러한 것을 사전에 공개하고 이해 받고 있는가에 대한 점검은 의외로 게을리 한다. 고객이 알고 있는지 충분히 이해하고 있는지에 대해 앞으로는 좀 더 깊은 관심을 가져야 한다.

어떻게 좀 해봐요, 점장님!

18화

정원(?)의 매너가 나쁘다

게임 코너와 아이들

■ **고객으로부터**

오락실에 있는 정원이 째려보았다. 어떻게든 해라!(무기명)

*　　　　*

미나가타 점은 200평이 넘는 대형 오락 시설을 구비하고 있어 광역 상권을 확보하는 데 유리하다. 가족 모두가 즐길 수 있는 오락 시설은 센다이까지 가야 하므로 일요일이나 장기 휴일일 때는 매우 번잡하다.

대부분의 아이들이 게임을 좋아하고 일부는 용돈을 모두 모아서 게임을 할 정도로 빠져 있다. 오락 센터에서 근무하는 종업원들은 건전한 환경을 유지하기 위해 필사적이지만 아이들의 요구 사항은 끝이 없다. 이번 사례는 아이들을 못살게 구는 중학생을 주의 준 일에서 비롯되었다.

● 점장의 회답

　이 카드 외에도 비슷한 내용의 카드가 7장이나 더 왔습니다. 하지만 다른 7명의 의견으로는 보이지 않습니다. 글씨가 비슷하고 '점원'을 모두 '정원'으로 틀리게 썼기 때문입니다. 점원과 정원은 귀로 들으면 비슷하지만 뜻은 틀립니다. 자신의 마음에 들지 않는 종업원이 있다고 해서 너무 싫어하지는 마세요. 다른 손님 모두가 그 사람을 나쁘게 말한다면 경우가 달라지겠지만, 열심히 일하여 많은 손님으로부터 칭찬을 받고 있다면 저는 그 사람을 격려할 것입니다. 앞으로도 게임 코너의 건전한 분위기를 유지할 수 있도록 많은 관심 바랍니다.

■ 고객으로부터

　게임 코너에서 일하는 젊은 점원! 게임을 하며 놀지 마세요. 가게에서 일하는 사람이 놀고 있는 것처럼 나쁜 것은 없습니다. 남아도는 기계가 있다면 차라리 아이들이 사용하도록 해주세요. 우리는 적은 용돈을 모아서 놀러 옵니다. 점장님! 그 사람을 빨리 그만두게 해주세요.

● 점장의 회답

　게임 코너의 사람을 두둔하는 것은 아니지만 이번 경우는 가끔 있는 오해인 것 같습니다. 기구를 점검하기 위해 담당자가 조작할 때가 있습니다. 앞으로는 이런 오해를 일으키지 않도록 다른 방법을 찾겠습니다. 그리고 고객의 말씀처럼 정말 놀았다면 엄중한 주의를 주겠습니다.

　점원이 놀고 있었던 것은 아니지만, 아이들 입장에서 보면 게임을 공짜로 할 수 있는 가게의 직원이 부러운 것이다. 상대가 아이들이기는 하지만 그 아이들이 가장 큰 고객이므로 분명하고 확실하게 대응해야 한다. 이번 사례의 해결책으로 기계 점검은 되도록 이면 영업 시간을 피하고, 점검할 때는 '점검 중'이라는 팻말을 붙이도록 했다.

■ 고객으로부터

　공짜로 게임을 하게 해주세요. 그것이 안 된다면 10엔만 받았으면 좋겠어요.

● 점장의 회답

　게임은 항상 위험(실패하면 100엔을 잃을지 모르지만, 성공한다면 500엔 정도의 경품을 받을지도 모른다는 긴장감)이 따르기 때문에 그만큼 더 즐거운 것입니다. 그러므로 이것은 연습이 아니라 실전입니다. 무료는 연습에 해당하는 것으로 공식 시합이 아닙니다. 이 세상에 대가를 지불하지 않고 가질 수 있는 것은 아무것도 없다는 사실을 기억하시기 바랍니다.

■ 고객으로부터

　오락 코너의 점장님에게 전해 주십시오. 요즘 스트레스가 많이 쌓여 힘이 들지만 달리 해소할 방법이 없습니다. 펀치 머신이라도 두드리면 좀 풀릴 것 같습니다. 펀치 머신을 설치해 주시면 고맙겠습니다.

● 점장의 회답

　펀치 머신을 때리면 확실히 스트레스를 풀 수 있을지도 모릅니다. 하지만 이 기구 때문에 많은 사람이 다쳤습니다. 심하게는 손의 뼈가 부러진 사람도 있습니다. 이곳 쟈스코는 가족 모두가 즐기는 공간입니다. 스트레스를 풀기 위해 마구잡이로 펀치를 날리면 이곳이 복싱장으로 변할지도 모릅니다. 죄송하지만 펀치 머신은 원하시는 대로 설치해 드리기가 곤란할 것 같습니다.

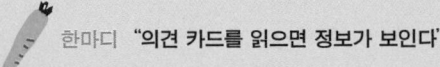 한마디 "의견 카드를 읽으면 정보가 보인다"

　의견 카드를 잘 관찰하면 여러 가지 정보를 얻을 수 있다. 때로는 협박이나 싸움에 관한 정보를 듣게 되는데, 이때는 대책을 빨리 세워야 한다. 잘못하면 지역 전체가 들썩일 정도의 큰 사태로 발전할 수 있기 때문이다. 그러므로 문제의 싹이 커지기 전에 정보를 모아서 해결하는 것이 최선의 방법이다. 이런 정보를 쉽게 얻으려면 평상시에 아이들과 사이좋게 지내고 그들의 목소리에 귀 기울여야 한다.

　아이들의 의견 카드는 이해하기 어렵거나 단편적인 것이 많지만 그것을 실마리로 여러 사람에게 물어보면 그 의미를 알 수 있다. 또한 휘갈겨 쓴 것 같은 카드에도 성의를 다해 회답을 게시하면 그 다음부터는 여러 가지 정보를 잘 알려 준다. 아이들이 의견 카드를 쓰는 행위는 자신들의 말을 들어 달라는 의사 표시기 때문이다.

종업원을 해고해 주세요

19화 ∙ 이제 절대로 쟈스코에 가지 않을 것이다

파견 근무원 관리 책임도 쟈스코에 있다

■ 고객으로부터

9월 20일(토) 오후 4시경에 딸을 안고 장을 보러 갔습니다. 1층 계산대 가까운 곳에 풍선을 선물하는 매장이 있어 갔더니 종업원이 없었습니다. 그때 갑자기 딸아이가 소란을 피워 꽂혀 있던 풍선을 아이의 손에 쥐어 주고 근처를 둘러보았지만 아무도 없었습니다. 계산대에서 일하는 사람에게 풍선을 받을 수 있는 방법을 물어보려고 했지만, 너무 혼잡하여 그곳에서 무작정 기다리고 있었습니다.

잠시 뒤에 안쪽에서 종업원으로 보이는 사람이 나왔습니다. 그 사람은 제 근처로 와서 "풍선은 물건을 구입한 사람에게 드리겠습니다. 허락 없이 남의 물건에 함부로 손을 대면 안 됩니다"라고 말했습니다. 마치 내가 풍선을 훔치기라도 한 것 같은 말투였습니다. 나는 화도 나고 너무 놀라서 풍선을 그 자리에 놓고 집으로 갔습니다. 하지만 의심받았던 일이 자꾸만 떠올라 눈물이 나왔습니다.

직원에게 말하지 않고 풍선을 가진 것은 제 잘못이라고 생각합니다. 그렇더라도 풍선 값을 지불하기 위해 종업원이 오기를 기다렸는데…… 그것이 그렇게 잘못된 일인지는 미처 몰랐습니다. 저는 28년 동안 살아오면서 남의 물건을 훔친 적은 아직 한 번도 없습니다. 이번에 상처를 입은 것은 저뿐만이 아닙니다. 그 사람이 내뱉은 분별없는 말에 제 아이의 마음도 상처를 입었습니다. 어떻게 달래야 할지 가슴이 답답합니다.

제가 이 글을 쓰는 이유는 ○○의 종업원에게 풍선을 공짜로 가지려 했던 것은 절대 아니라는 것을 전해 달라는 뜻에서입니다. 쟈스코의 다른 직원에게는 미안하지만 당분간은 그 종업원과 마주치고 싶지 않아서 우편으로 보냅니다. 이 카드를 꼭 그 사람에게 전해 주십시오. 그리고 답장은 필요 없기 때문에 이름은 쓰지 않았습니다.

*   *

카드를 읽고 화가 많이 났다. 고객의 분한 마음과 파견 근무 종업원의 태도가 눈에 떠올랐기 때문이다. 상황을 직접 보지 않아도 수천 통의 의견 카드를 읽고 있기 때문에 사태는 충분히 파악할 수 있었다. 매장 주임에게 연락하여 근무자의 신원을 확인하고 방문을 요청했다.

나는 이럴 때면 의견 카드를 언제나 당사자에게 직접 보여 준다. 의견 카드에 적힌 내용의 사실 여부를 묻고, 만약 사실이라면 고객이 화내는 이유와 회답 내용까지 차례대로 묻는다. 고충 카드를 받을 경우, 많은 책임자들이 고객에게는 "저 사람은 원래 그런 사람이니 제가 잘 타이르겠습니다. 죄송합니다" 하고 말하는 반면, 종업원에게는 "끈질긴 고객이니까 적당히 사과해"라고 말하거나 "자네는 언제나 똑같아. 정신이 해이해져 있어. 지난번에도 이랬잖아" 하며 고객이 내는 화에 편승하여 화를 낸다. 하지만 화를 내는 것보다 더 중요한 것은 사실을 확인하는 일이다. 그 상대가 직속부하가 아니고 외부 사람이라면 더욱더 세심한 주의가 필요하다.

그날 근무했던 파견 종업원은 의견 카드를 쓴 고객의 일을 기억하고 있었고, 나쁜 마음으로 말한 것은 아니라고 했다. 하지만 내가 보기에는 반성의 기색이 보이지 않았다. 그래서 다시 단호하게 쟈스코의 입장을 말했다. "당신의 무분별한 언동으로 고객이 얼마나 큰 상처를 받았는지 알고 있습니까? 그 고객은 자식 앞에서 인격을 모욕당했습니다. 그리고 당신 때문에 우리는 소중한 고객 한 분을 영원히 잃게 되었습니다. 그러니 이제 앞으로는 쟈스코에 일하러 오지 않아도 괜찮습니다" 그러자 그는 안색이 변하며 다시는 이러한 일이 없을 것이라고 사과했다.

"고객에게 제일 먼저 할 말은 '기다리셨습니다' 입니다. 잘못은 고객에게 있는 것이 아니라 업무 시간에 자리를 비운 당신에게 있습니다. 더욱이 고객에게 설교하는 것은 비상식적인 일에 속합니다. 그 고객은 다시는 오지 않겠다고 말했지만 반드시 옵니다. 자신이 보낸 편지를 받고 당신에게 주의를 주었는지 당신이 반성하여 태도가 좋아졌는지를 확인하러 올 것입니다. 그때는 성의를 다해 사죄하십시오. 그렇게 하겠다면 쟈스코에 들어오셔도 좋습니다."

계속해서 이어지는 나의 말에 그 종업원은 얼굴을 분명히 기억하고 있으므로 정성을 다해 사죄하겠다는 약속을 했다.

■ 점장의 회답

마음 상하게 해 드려서 정말 죄송합니다. 당분간 쟈스코에 오고 싶지 않다고 하셨는데, 사죄의 마음이 텔레파시로 전해지기를 간절히 바라면서 이 글을 쓰고 있습니다. 어린 자식 앞에서 모욕당한 그 마음을 어떻게 위로해 드려야 할지 모르겠습니다. 앞으로 이런 일은 결코 일어나지 않을 것입니다. 고객에게 불친절한 파견 근무 종업원이나 영업 사원은 앞으로 출입하지 못하도록 하겠습니다. 정말 죄송합니다.

*　　　*

회사 게시판에는 다음과 같은 내용을 게시했다.

"고객 1명을 잃어버린 것을 매상 금액으로 환산하면 약 1,500만 엔을 손해본 것과 같다고 말한 적이 있습니다. 위의 경우가 바로 그 같은 사례입니다. 그 고객의 자녀는 쟈스코가 무섭다고 생각할지도 모르며, '네가 버릇이 없어서 이제 쟈스코에는 못 가' 라는 말을 엄마에게 들을 수도 있습니다. 이 같은 응대를 고객에게 하고 있지는 않은지 한번 반성해 주십시오. 부디 이 글을 주의 깊게 읽어 주십시오."

이 글은 '점장의 메시지'로, 회사의 방침이나 나의 생각을 정리하여 점포에서 일하는 사람에게 월 1~2회 배포하고 있다. 주로 고객 응대 방법이나 장사의 기본 등에 대해 적으며, 아르바이트 직원부터 쟈스코에 세 들어 있는 점포의 종업원, 사장, 청소원과 경비원 등 모든 사람이 읽도록 하고 있다.

전근 주기가 빠른 점장이 수백 명의 직원을 이해하려면 시간이 많이 걸린다. 그러므로 부하를 모두 이해하는 것보다 부하에게 이해 받는 쪽이 빠르다는 판단에서 메시지 읽기를 시작했다. 어떤 문제에 대해 부하와 직접 대화하면 머릿속에 생각하고 있는 것만큼 완벽하게 진행할 수가 없다. 하지만 편지라면 장소에 구애받지 않고 읽을 수 있고, 반복하여 읽으면 생각이나 행동에도 참고가 된다.

'점장의 메시지'에서, '고객 1명을 잃으면 1,500만 엔을 잃는 것'이라고 설명한 적이 있다. 만약 1세대의 가족이 필요한 상품의 대부분을 쟈스코에서 산다면 적어도 연간 150만 엔의 매상을 올려 주는 셈이다. 그들이 쟈스코에서 계속 구매한다고 가정하면, 10년이면 1,500만 엔의 매상이 된다. 장사하는 사람은 매상 액수에 따라 고객을 차별하지 않는다. 하지만 현실은 1회에 10만 엔어치를 사는 고객에게는 신경을 많이 쓰는 반면, 1,000엔 어치를 사는 고객에게는 무관심하기가 쉽다. 나는 신입 사원을 교육시킬 때 10만 엔의 고객과 1,000엔의 고객 가운데 어느 쪽이 더 중요한가를 항상 묻는다.

"10만 엔짜리 TV는 고객이 5년에 한 번 사는 물건인데도 배달, 세트료, 무료 보너스 금리 등을 우리가 부담합니다. 더욱이 가격도 시내 최저가이기 때문에 이익률도 매우 낮습니다. 반면 1,000엔의 고객은 2일에 한 번 정도 점포에 와서 물건을 직접 사 가지고 갑니다. 그렇다면 어느 쪽이 쟈스코에 이득을 주는 중요한 고객일까요?"

이 질문의 대답은 '둘 다 모두 중요하다'가 정답이다. 만약 이때 서비스의 부실로 고객을 잃으면 피해는 훨씬 더 커진다. 한 통계에

의하면, 사람은 자기 주위의 26명에게 고충을 털어놓는다고 한다. 그렇게 되면 가족이나 친척 등 그 사람과 인연이 있는 모든 사람은 쟈스코를 싫어하게 된다는 결론이 나온다. 친구 3명에게 '저 식당은 맛이 없다'는 말을 들으면 가 본 적이 없어도 맛이 없다고 믿는 것과 같은 심리다.

종업원을 해고해 주세요

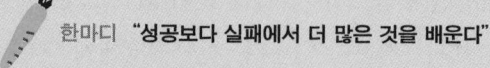 한마디 "성공보다 실패에서 더 많은 것을 배운다"

이번 카드는 처음으로 고객과 연락을 취할 수 없었던 사례다. 하지만 이 고객은 틀림없이 쟈스코에 왔을 것이다. 마지막 기대를 걸고 의견 카드를 보냈으므로 결과가 궁금할 것이기 때문이다. 직접 오지 않더라도 다른 사람을 통해 회답 여부를 확인하고, 담당 코너에서 일하는 사람의 태도를 확인할 것이다. 이러한 문제는 끝까지 최선을 다하는 것이 중요하다. 실패 사례를 공개하여 좋은 점은, 자연스럽게 종업원을 교육시킬 수 있고, 같은 일이 다시 일어나지 않게 할 수 있다는 점이다.

인생은 성공보다 실패에서 더 많은 것을 배운다. 실제적으로 고충 카드가 오는 양은 빙산의 일각으로 100건에 1건 정도다. 하지만 그것을 공개하면 그 밖의 99건에 대한 지도를 할 수 있다.

어떻게 좀 해봐요, 점장님!

20화

기합은 보이지 않는 곳에서 주십시오

'사랑의 매'를 어떻게 설명할까?

■ 고객으로부터

12월 28일 밤, 장을 보다가 깜짝 놀랐습니다. 여점원과 남자 아르바이트 사원이 상품을 진열하고 있는데 리더로 보이는 남자가 그들에게 뭔가 주의를 주는 것 같았습니다. 그때 갑자기 남자가 동그랗게 만 종이 뭉치로 여직원의 머리를 내리치고 안으로 사라졌습니다. 자식이 있는 나는 '내 자식이 저런 꼴을 당했다면……. 고객 앞에서 저런 행동을 하다니'라는 생각이 들어 매우 불쾌했습니다. 주의를 주는 것은 좋지만 머리를 때리는 행동은 지나친 것 같습니다.

＊　　　＊

고객은 항상 종업원의 행동을 주시하고 있다. 종업원은 매장 내에서 팔짱을 끼고 돌아다니거나 고객이 걸어다니는 통로 한가운데를 휘젓고 다녀서는 안 된다. 하지만 본부나 본사에서 순회 지도를 나온 사람은 아무렇지 않게 그 같은 행동을 자주 한다. 그러므로 고객은 지위 높은 사람이 와서 지도를 하고 있다는 사실을 금세 알아차린다. 순회 지도자는 시간이 촉박하기 때문에 무심코 열을 내어 주의를 주기가 쉬운데 이 모습을 고객이 본 것이다.

이런 내용의 카드는 회답하기가 까다롭다. 고객 의견에 전적으로 맞장구를 치면 상사의 지도 책임을 가볍게 말하는 것이 되고, 그렇다고 고객의 마음을 모르는 바도 아니기 때문이다.

● 점장의 회답

먼저 불쾌하게 해 드린 점에 대해서 죄송스럽게 생각합니다. 옛날의 제 모습을 보는 듯했습니다. 물론 저는 꾸중을 듣고 있는 쪽이었습니다만……. 부하를 키우는 것도 상사의 일입니다. '미운 아이 떡 하나 더 준다'는 말처럼 애정이 없거나 기대하는 바가 없는 상대에게는 귀찮아서 야단도 치지 않습니다. 저는 양쪽의 부하 모두에게 기대를 걸고 있습니다.

*   *

점포를 새로 개점하여 종업원과 상사 간의 신뢰 관계를 쌓는 과정에서 이 정도의 문제는 피할 수가 없다. 하지만 엄격한 상사 밑에서 심한 질책을 들으며 배운 사람은 나중에 가장 고마운 사람으로 그 상사를 기억하게 된다. 미운 감정이 순간적으로 생길 수도 있지만, 결과적으로 보면 자신을 위한 일임을 알게 되기 때문이다.

이번 사례는 '고객은 항상 우리를 주시'하고 있음을 말해 준다. 이와 비슷한 사례로 부정 행위에 대한 의견 카드도 있다. 이 문제

역시 회답하기가 곤란하지만 그렇다고 모른 척하고 넘어갈 수도 없다.

✳   ✳

■ 고객으로부터

며칠 전 야채 매장에서 함께 장을 보고 있는 부부에게 여점원이 다가가 바구니 안에 들어 있는 물건에 할인 스티커를 붙이기 시작했습니다. 밤이기 때문에 이미 할인된 상품인데 거기서 더욱 싸게 한 것입니다. 그 모습을 보고 나처럼 아는 점원이 없어 정직하게 장을 보고 있는 사람은 마치 바보 같다는 생각이 들었습니다. ○○의 사람이었습니다. 제 이름은 쓰지 않겠습니다.

● 점장의 회답

정확한 사실을 확인하기가 어려워 회답하기가 무척 곤란합니다. 할인 스티커를 사용하는 저녁에는 가격을 변경하는 일이 많은데 아마도 그것을 본 것으로 생각됩니다. 하지만 이유를 알 수 없는 고객의 입장에서 보면 당연히 오해할 수밖에 없을 것입니다.

신선한 야채나 생선 제품 등은 가격이 자주 바뀌는 저녁 시간대에 이런 문제가 많이 발생합니다. 이 점 또한 매우 유감스럽게 생각합니다. 가격을 싸게 하는 만큼 저희는 손해를 볼 뿐만 아니라 빠른 시간대에 산 고객의 불신도 늘어 이중의 고통을 겪기 때문입니다. 하지만 이 방법을 쓰지 않으면 남은 상품은 버려야 하기 때문에 어쩔 수 없다는 것을 말씀 드리고 싶습니다.

앞으로는 아주 사소한 일이라도 오해받지 않도록 주의하겠습니다. 더불어 일반 고객이 우선되는 풍토를 만들기 위해 더욱더 노력하겠습니다.

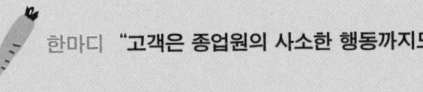 한마디 **"고객은 종업원의 사소한 행동까지도 눈여겨본다"**

    새로 개장한 점포의 신입 직원은 처음에는 일을 익히는 것만으로도 힘에 부치기 때문에 고객의 시선에 대해서는 미처 생각하지 못한다. 그럴 때 이 같은 지적을 당하면, 작업할 때는 고객의 오해를 받지 않도록 행동해야 한다는 사실을 자연스럽게 배우게 된다. 점포 안에서 오가는 모든 정보는 항상 외부로 새어 나간다는 사실을 명심해야 한다. 회사나 점포 안에서 지키는 가치관이나 규칙은 밖에서도 동일하게 적용해야 그 지역이나 사회에서 높은 평가를 받을 수 있다.

종업원을 해고해 주세요

계산대 담당자의 인상이 나쁘다

계산하는 모습을 보면 가게의 수준을 안다

■ **고객으로부터**

계산하는 사람이 부족한 것 같다. 토요일 오후인데도 계산대 17
대 중 7대가 쉬고 있어 매우 혼잡하다. 지금 시간은 오후 4시 50
분, 어머니는 계산하기 위해서 10분 이상이나 기다리고 있다. 매
장을 한번 시찰해 보기 바란다. 그리고 지금은 운동회 철이어서 장
보는 사람이 평소보다 많다는 것을 고려해 줬으면 좋겠다.(12세)

● **점장의 회답**

정말 죄송하게 생각합니다. 특히 6월 1일은 운동회 날 앞의 토
요일이라서 복잡하리라고 예상은 했습니다만, 고객께서 불편을
느끼실 정도까지 되리라고는 미처 생각하지 못했습니다. 계산원
이 쉬는 시간에 대해서 재점검을 하겠으니 조금만 더 기다려 주십
시오.

■ 고객으로부터

PM 12시 50분, ○번 계산대를 담당하는 계산원은 '어서 오세요' 나 '감사합니다' 등의 인사도 하지 않으며 인상도 나쁘다.

● 점장의 회답

불쾌하게 만들어서 죄송합니다. 그 계산원에 따르면, 그날 계산대가 너무 혼잡하여 고객께서 빠뜨린 물건을 사기 위해 다시 매장으로 돌아간 사실을 모르고 그만 물품을 스캔했다고 합니다. 몇 가지를 스캔하고 나서야 고객이 계시지 않은 것을 알고, 다른 고객의 상품을 계산하려는 순간 마침 고객이 돌아오셔서 화를 내신 것 같습니다. 더욱이 계산하는 사람이 자세한 사정을 설명하지 않아 더 큰 오해를 불러일으킨 것으로 보입니다. 앞으로는 앞뒤에 계신 고객 모두를 배려하도록 노력하겠습니다.

*   *

식품 매장은 셀프로 운영하기 때문에 계산원 이외에는 종업원을 만날 일이 거의 없다. 따라서 장을 모두 본 뒤에 만나는 계산대의 담당자가 주로 처음 만나는 직원이다. 그런 탓인지 의견 카드의 회답 공개를 시작했을 때 제일 먼저 비명을 지른 사람은 계산원들이었다. 마치 고객의 고충을 모두 떠맡은 듯했다. 반면 고객이 노발대발해도 '그런 작은 일 따위로 화를 내는 것은 고객이 원래 화를 잘 내는 성격 때문'이라고 말하는 사람도 있다. 하지만 고객은 물건을 사는 도중에는 화가 나도 말할 수 있는 상대가 없기 때문에 꾹 참으면서 장을 본다. 그런 일이 두서너 번 겹친데다 마지막 계산대에서까지 응대가 나쁘면 참았던 것까지 합쳐서 폭발하게 된다. 이 경우 고객의 마음을 충분히 이해하지만, 그렇다고 담당자에게 어떠한 책임을 물을 수도 없다.

＊ ＊

■ **고객으로부터**

식품 매장 계산대에서 일하시는 분께.

화장품 냄새인지 향수인지는 모르겠지만 냄새가 정말 지독하다. 시간이 꽤 지났는데도 아직까지 냄새가 나는 것 같다. 앞으로는 주의를 좀 했으면 좋겠다. 몹시 불쾌하다.(27세 · 여성)

● **점장의 회답**

대단히 죄송합니다. 종업원의 차림새는 가벼운 화장과 투명 색깔의 매니큐어 등을 바르도록 정해져 있습니다. 그러므로 향수도 적당하게 사용해야 합니다. 특히 식품 매장은 음식을 취급하는 곳이므로 더욱더 신경을 써야 합니다. 앞으로는 철저하게 교육시키겠습니다. 지적해 주셔서 감사합니다.

■ **고객으로부터**

오늘장을 보고 생각한 일.

내 앞의 사람이 물건을 두서너 개 정도 샀다. 그런데 담당자가 새로 온 실습생인지는 모르겠지만 사카(봉투에 물건을 담는 받침대)에서 봉투를 꺼내 와서 물건이 든 바구니에 대충 넣는 것을 보았다. 장을 본 물건이 적을 때는 계산하면서 봉투에 직접 담아 주

어떻게 좀 해봐요, 점장님!

면 좋겠다는 생각이 들었다. 고객은 큰 일보다는 작은 일로 가게를 멀리하기 때문이다. 덧붙여 말하면 그 사람의 이름은 ○○○이다(영수증 실물 첨부).

● **점장의 회답**

다음은 본인의 반성 내용입니다.

"불쾌감을 드려서 정말 죄송합니다. 앞으로는 좀 더 친절하게 맞이하도록 하겠습니다. 이번처럼 물건이 적을 때는 직접 봉투에 넣어 드리거나 바구니를 사카까지 운반하도록 하겠습니다."

계산대에서 일하는 직원은 무엇보다도 정확히 계산하고, 상품을 정중하게 취급해야 합니다. 이번 일의 담당자는 신입 사원이므로, 이 일을 계기로 한층 성장할 것이라고 믿습니다. 친절한 충고를 해주셔서 감사합니다.

*   *

지금은 웃으며 이야기할 수 있지만 당시의 계산 담당자들은 모두 노이로제에 걸린 것 같았다. 눈앞의 고객이 자신의 일을 쓰는 것이 아닐까, 하는 걱정이 앞서 카드가 게시되면 서로 보려고 달려왔다. 회답을 쓰기 전에 먼저 상담을 하기 때문에 예고 없이 게시되는 일은 없지만 그만큼 무서운 존재였던 것이다.

상사는 가끔씩 순회를 돌기 때문에 실상을 정확하게 알 수 없고, 고객도 불만 사항을 전달할 수단이 없다. 또한 불만 사항을 전달하려면 시간과 용기가 필요하다. 거기다 고객은 이렇게까지 직접 수고했는데 매장 책임자가 신중하게 받아 줄지 걱정까지 하게 되는 것이다. 대부분의 고객들은 같은 회사의 직원이므로 서로 짜고 적당히 얼버무려서 끝낼 것이라고 생각한다. 하지만 회답을 공개하면서 고객의 그런 의혹이나 불신감이 많이 줄어들었다. 또한 계산대의 담당자들도 단골 고객의 격려를 받아 활기를 찾는 등 상사보다 무서운 존재가 '눈앞에 있는 고객'이라는 사실을 배우고 있다.

*　　　*

■ 고객으로부터

얼마 전 식료품을 사고 계산하기 위해 줄을 섰을 때의 일입니다. 내 앞에 임산부가 있었는데 그 사람의 물건을 계산대 담당자가 사카 위까지 운반해 주는 것을 보았습니다. 정말 감동했습니다. 그 사람의 이름은 ○○○씨였던 것 같습니다. 앞으로도 고객에게 친절한 쟈스코가 되어 주기를 바랍니다.(25세 · 여성)

● 점장의 회답

역시 '고객은 항상 보고 있다'는 말이 맞는 것 같습니다. 계산대 담당자는 계산을 빠르고 정확하게 하는 것이 무엇보다 중요하지만, 덧붙여 고객에게 친절한 서비스를 베푼다면 만점을 줄 수 있겠지요. 만족하는가는 고객이 결정하는 것이지만 고객에게 좋은 인상을 준다면 더 이상의 기쁨은 없습니다. 좋은 소식을 들려주셔서 감사합니다. 이 엽서를 통해 직원들의 노력하는 모습을 알게 되어 점장으로서 무척 기쁩니다.

■ 고객으로부터

　저는 신체가 약간 불편한 사람입니다. 매주 일요일마다 장을 보기 위해 쟈스코에 가는데 계산은 언제나 같은 사람에게서 하고 있습니다. 그분은 연세가 든 분이지만 봉투에 물건을 넣어 주거나 사카까지 바구니를 운반해 주는 등 여러 가지로 도움을 많이 주고 있습니다. 연세가 드신 분이 마음 써 주시는 것은 정말 가슴에 사무칠 정도로 기쁩니다. 이름표에는 ○○씨로 적혀 있었습니다. 이 자리를 빌어 감사의 말을 전하고 싶습니다. 감사합니다.

● 점장의 회답

　정성에 감사드립니다. 일요일에는 많이 혼잡하기 때문에 고객들께 불편을 끼치고 있습니다. 그런 환경 속에서 ○○씨처럼 친절한 종업원이 있는 것을 자랑스럽게 생각합니다. 이런 배려는 역시 경험이 없으면 어려울 것입니다. 앞으로도 최고의 서비스를 하도록 노력하겠습니다. 변함없는 응원을 부탁 드립니다. 감사합니다.

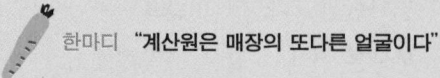

서비스 카운터가 점포의 얼굴이라면 계산대, 특히 식품 코너의 계산원은 또 하나의 얼굴이다. 장을 본 고객은 마지막으로 계산하는 종업원을 만난다. 그러므로 계산할 때 문제가 생기면 그때까지의 고충이 한꺼번에 폭발하게 된다. 반대로 고객이 생각하는 점포의 이미지나 상품, 그리고 종업원의 평판 등을 알고 있는 사람도 계산원이다. 평상시에 계산대 종업원과 신뢰를 돈독하게 쌓아 놓으면 여러 가지 점들을 배울 수 있다.

의견 카드나 점장의 회답을 공개하는 게시판은 고객의 주의를 가장 많이 끄는 식품 계산대 출구 뒤의 기둥에 설치했다. 입구가 많은 가게는 정면 입구에 고객 수가 적은 경우도 있으므로 휴식 공간이나 식품 계산대에서 가까운 곳, 또는 고객이 많이 모이는 곳에 설치해야 한다. 고객이 '의견을 보낼까' '조금 가르쳐 줄까' 하고 생각하는 순간은 아주 짧다. 그런 의미에서 의견 카드가 적게 와서 고민하는 점포는 공개 장소를 자세히 살펴볼 필요가 있다.

 # 주차원이 주차권을 억지로 빼앗는다

고객이 제공하는 정보의 가치

■ 고객으로부터

주차원 아저씨가 주차권을 억지로 빼앗듯이 한다. 기분이 나쁘다. 뭔가 조치를 취해라.

✳   ✳

주차장 문제는 언제나 일어나는데 이번은 표현이 조금 달랐다. 이상하다는 생각이 들어 지금까지 받은 주차장 관련 고충 카드를 정리해 보았다.

■ 고객으로부터

"요코데 점의 주차장은 왜 쟈스코의 다른 쇼핑 센터처럼 무료가 아닙니까?"

"2,000엔 이상의 영수증으로 1시간 주차권, 5,000엔 이상이면 2시간을 사용하는 것은 어쩔 수 없지만, 당일만 아니라 다른 날도 사용할 수 있으면 좋겠다."

"1,000엔어치를 사는 일이 많기 때문에 1,000엔으로 30분 동안 주차할 수 있으면 좋겠다."

＊　　　　＊

요코데 점은 JR 요코데 점 역 앞의 버스터미널 빌딩에 입점해 있기 때문에 자가 주차장이 없다. 그러므로 50대에서 80대 규모 정도의 민간 주차장 8곳과 계약하여 총 600대의 주차장을 확보하고 있다. 고객은 물건을 산 당일 영수증을 입구의 서비스 카운터에 주차권과 함께 내밀어 1시간짜리를 1~2장 정도 받는다. 그것을 주차장의 관리인에게 주고, 부족한 부분은 현금으로 지불한다. 평상시에도 귀찮지만 여름철 귀성객이 늘어날 때는 고충이 이만저만이 아니다. 주차장의 구조를 잘 모르는 외지 사람들은 영수증만 가지고 와서 주차장 관리인과 한바탕 소동을 벌이기도 한다. 이런 상황이 벌어지면 쟈스코도 본의 아니게 그 싸움에 말려든다.

"주차장 관리를 도대체 어떻게 하는 거야? 쟈스코가 돈을 내지 않는 거야? 빨리 조치를 취해!" "이렇기 때문에 이곳은 발전하지 못하는 거야"라는 고객의 항의가 빗발칠 때 내가 할 수 있는 일은 매주 정기적으로 음료수를 가지고 8곳의 주차장을 다니면서 "고객이 응하지 않으면 우리가 지불할 테니 제발 고객과 말썽이 일어나지 않도록 부탁합니다" 하고 사정하는 것이다. 이런 일을 반복하자 관리인과도 차츰 사이가 좋아졌다. 그 탓인지 고객과의 말썽도 줄어들어 안심하고 있을 즈음 앞에서 소개한 의견 카드를 받은 것이다. 상황을 도저히 이해할 수가 없어 아내에게 물었더니 다음과 같

어떻게 좀 해봐요, 점장님!

은 대답이 돌아왔다.

"그 문제는 나도 느껴. 1시간만 주차하려고 해도 불안하니까 5,000엔 이상의 영수증을 가지고 있으면 주차권을 2장 받아서 내밀게 돼. 그것을 본 주차 관리인은 나머지 주차권도 필요 없을 테니 자신에게 달라며 덥석 빼앗는 거야. 고객은 기분이 나쁘지만 어차피 당일에만 쓸 수 있으니 주어 버리고 마는 거지. 나는 쟈스코의 부담이 늘어나면 안 될 것 같아 절대 주지 않지만 ……."

아내의 설명으로 어떻게 된 일인지 이해할 수 있었다. 이런 일 때문에 고객에게는 불만이, 회사 측에는 경비가 늘어나는 것이다. 즉시 조사해 보니 대부분의 고객이 2장의 주차권을 주차 관리인에게 고스란히 빼앗기고 있었다. 그나마 다행한 것은, 서비스 카운터에서 근무하는 사원이 매우 유능하게 일을 처리한다는 것이다. 그는 계산서의 합계 금액이나 날짜를 일일이 대조 확인한 뒤 주차권을 발행하여 쓸데없는 경비 지출을 막고 있었다. 그렇게 해도 연간 2,500만 엔 이상이 주차장 비용으로 지불되고 있다. 만약 주차권의 유효 기간을 연장하거나 30분 단위로 바꾸면 경비가 막대하게 늘어나기 때문에 이전의 점장들은 바꿀 엄두조차 내지 못했다. 나 역시 비용이 두려워 그대로 이용하다가 이번 카드를 받고 대책이 시급하다는 생각을 했다.

고객 1인당 하루 단가는 식품의 경우 1,000엔 정도다. 만약 조미료 구입을 잊은 고객이 200엔짜리 상품을 다시 사려면 영수증이 2,000엔 이하이므로 주차권을 받지 못한다. 결국 200엔짜리 상품을 사기 위해 주차장 요금 150엔을 지불해야 한다. 주변에는 무료 주차가 가능한 슈퍼마켓이 많이 있기 때문에 고객은 쟈스코에서 꼭 사야겠다는 마음이 사라진다. 주차권의 경비 가운데 5퍼센트 정도가 쓸데없이 지출된다는 생각이 들었지만, 확신이 없어 방치하던 중 바로잡을 수 있는 기회가 온 것이다.

쟈스코가 사용하고 있는 8곳의 주차장은 여러 곳에 분산되어 있어도 매력적이다. 상사인 사업 부장의 허가를 받아 유효 기간이 1개월인 주차권을 만들었다. 지갑 속에 들어가는 보기 좋은 크기로 'ㅇ월 ㅇ일까지 유효'라는 표시를 하여 서비스 카운터에서 배부했다. 그러자 고객과 주차장 관리인의 입장이 단번에 역전되었다. 고객은 지갑 속에 1개월 동안 사용할 수 있는 주차권을 가지고 있기 때문에 가벼운 마음으로 쟈스코에 들를 수 있다. 또한 5,000엔어치의 장을 본다면 남은 주차권은 저축해 둘 수가 있다. 1개월 뒤의 청구 결과를 보니 매상은 늘어난 반면 회사에서 부담하는 주차 경비는 8퍼센트나 감소했다. 그리고 고마움을 표시하는 의견 카드도 많이 받았다. 결과적으로 주차권 서비스는 고객에게 초대권을 선물한 셈이 되어 대성공이라는 평가를 받았다.

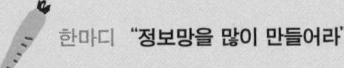

고객이 제공하는 정보는 가치가 매우 크다. 하지만 고객은 자세하게 설명해 주지 않는다. 방법을 잘 몰라 적절한 표현을 찾는데 어려움을 겪기 때문이다. 고객이 보낸 의견 카드를 읽고 회사 경비를 줄인 사례는 많이 있다. 그 가운데서도 이번 사례는 최고였다.

점포 안에서는 정보를 손쉽게 얻을 수 있지만, 가게의 평판이나 정보를 점포 밖에서 듣기는 쉽지 않다. 따라서 정보망을 많이 만들어 놓는 것이 중요하다. 획기적인 개선의 실마리는 작은 계기에서 얻기 때문이다.

고객의 의견 카드는 개별 대응이 원칙이지만 1개월 단위로 분류하는 것도 중요하다. 상품이나 서비스, 주차장 등으로 항목을 나누고 시간이나 계통, 사례 등을 정리하여 다른 점포와 비교해 보면 기업이 해결해야 할 과제가 보인다.

23화 • 사원 교육을 도대체 어떻게 하는 겁니까?

신입 사원 연수 제도 실시

■ **고객으로부터**

"종업원 교육을 도대체 어떻게 시키고 있는 겁니까? 상품이 있는 곳을 물어도 제대로 대답하지 못하고 태도도 나쁩니다. 교육을 확실히 시킨 뒤에 매장에 내보내도록 하세요."

"지난번에 쟈스코에 갔을 때 고참이 신입 사원을 괴롭히는 장면을 목격했습니다. 그 당시 신입 사원은 고객이 산 물건을 봉투에 넣는 작업을 하고 있었습니다. 서투른 손길로 포장을 하고 있는 신입 사원을 지켜보던 고참은 '그렇게 하지 말라고 했잖아. 지난번에 확실하게 가르쳐 주었는데 아직도 이렇게 하면 어떻게 해?' 하고 고객 앞에서 소리를 질렀습니다.

신입 사원의 서투른 포장 솜씨를 보면 고객을 연습 상대로 생각하는 게 아닌가 하는 의혹마저 듭니다. 쟈스코에 계신 분은 신입 사원을 괴롭힌다고 들었는데, 그것이 사실이라면 어떤 사람이 일하러 오고 싶겠습니까?"

어떻게 좀 해봐요, 점장님!

이 같은 고충은 자주 들어온다. 점장이 된 뒤 제일 머리 아팠던 일 가운데 하나가 이런 문제였다. 현재 플렉스 사원과 아르바이트 사원의 비율은 70퍼센트, 20년 전에는 40퍼센트 정도였다. 그 당시에는 폐점은 6시, 휴업은 매주 1회 실시했지만, 종업원의 휴일 수는 지금보다 훨씬 적었다. 주요 업무는 사원이 담당했고, 파트타임 사원이나 아르바이트 사원은 보조적인 존재였다.

반면 지금은 연간 12회 정도 휴업하며 근무 시간은 밤 9시로 대폭 늘어났다. 예전과는 반대로 사원의 휴무를 보충하기 위해 플렉스 사원과 아르바이트 사원의 비율이 70퍼센트로 증가했다. 한때 '쉬는 사원, 일하는 플렉스'라는 말도 있었다. 이른 아침 7시나 8시부터 폐점 10시까지 물건을 꺼내는 플렉스 사원, 정오까지 플렉스 사원, 개점부터 저녁까지 플렉스 사원, 낮부터 저녁까지 플렉스 사원, 저녁부터 밤까지 아르바이트 사원의 5교대 조로 나뉘어 같은 그룹의 조원이 얼굴을 한 번도 마주치지 않는 일이 당연하게 되었다. 단순 작업부터 중요한 주문 작업까지 플렉스 사원과 아르바이트 사원이 모두 담당하고 있는 것이다.

사원과 플렉스 사원, 아르바이트 사원 비율의 역전 현상은 해마다 조금씩 변했지만 대수롭지 않게 생각하고 있었다. 4월에 입사하는 학사 졸업 신입 사원은 '황금 알(구하기 어려운 귀한 것)' 상태로 본사에서 1주일, 점포에서 1주일 동안 특별 연수를 받는다. 지금은 가을에도 입사하는 등 연간 채용으로 바뀌었지만, 플렉스나 아르바이트 사원, 학사 졸업 신입 사원 간의 교육은 분명 차이가 있다.

나는 처음으로 점장이 된 12년 전부터 이 문제에 몰두했다. 첫 근무한 점포의 경우 매월 쉬는 날에 실시한 교육을 통해 플렉스 사원의 잠재 능력이 높다는 것을 확신하게 되었다. 정규 사원과 플렉스 사원이 동시에 출발하는 새 점포는 플렉스 사원에게도 기대를 걸고 달성 기준을 명확히 해주면 초기에 높은 성과를 거둘 수 있었다. 이 시스템은 아오모리 점의 점장으로 일할 때 완성했다.

초기의 점포는 짜임새가 없었다. 매장에 사람이 부족하여 인사과에 채용을 요청하면 갑자기 쏟아지는 장마처럼 단기적인 채용을 되풀이했다. 채용을 결정하면 오전에는 인사 수속을 하거나 비디오를 보며 근무 규칙이나 일에 대해 간략하게 설명하고 오후에는 매장 주임에게 보낸다. 하지만 주임은 신입 사원 옆에 붙어서 가르칠 만한 시간적인 여유가 없고 인원 또한 부족하기 때문에 매장 선배인 플렉스 사원에게 맡긴다. 신입 사원을 맡은 플렉스 사원 역시 일을 체계적으로 배운 적이 없고, '어차피 우리들은 파트니까 사원 몫까지 일할 필요는 없지' 하는 의식이 강해 일을 체계적으로 가르쳐 주지 않는다. 더러는 "지난번 사람은 1개월 만에 그만뒀어. 정말로 계속해서 일할 사람이라면 가르치는 보람이 있겠지만, 끈기가 없으면 곤란하니까 좀 더 두고 보자"고 말하는 선배 사원도 있다.

신입 사원은 모든 직원에게 경쟁 상대가 된다. 신입이 자신보다 우수하면 자신은 직장에서 쓸모없게 된다. 기존의 직원은 상사로부터 "언제나 늦게까지 잔업을 해줘서 고마워. 꼭 채용할 테니까 조금만 더 열심히 해주게"라고 말을 듣는 것이 훨씬 기분이 좋다.

어떻게 좀 해봐요, 점장님!

더욱이 누가 일부러 경쟁 관계의 사람을 도와주겠는가? 때때로 신입 사원이 자신의 말을 듣지 않으면 못살게 굴어서 쫓아내는 경우도 있다. 이런 여러 가지 문제를 해결하고, 플렉스 사원이나 아르바이트 사원을 단기간에 교육시키는 방법을 이제부터 소개하겠다. 이 제도는 신입 사원에게도 실시하고 있다.

【 신입 플렉스 사원과 아르바이트 사원 연수 검정 제도 】

□ 고객을 대하는 기본적인 태도

- 모든 종업원들은 동일한 수준의 서비스를 고객에게 제공해야 한다.
- 고객에게 필요한 서비스를 능숙하게 제공하기 위해 필요한 정보나 지식은 본인 스스로가 습득해야 한다.
- 우리들의 업무는 팀 전원이 합심해서 해야 하므로 전체의 흐름이나 규칙을 모두가 이해해야 한다. 이를 위해 지식의 습득과 기술 훈련이 필요하다. 따라서 사원 교육은 점장의 최대 업무에 속한다. 가게는 지역에서 고용하는 장소와 같다. 일하고 싶은 의욕이 있는 사람에게 일할 수 있는 장소를 주고, 고객에게 항상 만족을 주어야 한다. 종업원을 소중하게 생각하는 마음은 정확한 교육에서 시작한다.

□ 채용 뒤의 교육 세미나

모든 아르바이트 사원과 플렉스 사원은 채용이 결정되면 3일 동안 매일 5시간씩 15시간의 세미나를 듣는다. 내용은 회사의 홍보 비디오와 취업 규칙, 업무에 관한 것으로, 강의는 교육 주임이 한다. 이와 함께 점장의 방침(고객을 접대할 때 마음의 준비나 예절)과 접객 훈련, 매장 안내, 비상구 위치 등에 대해서도 교육한다. 사원들은 세미나를 듣는 3일 동안 동기 의식을 느끼게 되고, 2개월 동안은 '연수 중'이라는 이름표를 달아야 한다.

□ 매장 배속부터 중간 오리엔테이션

'영업 일보'를 매장 주임과 날마다 주고받아야 하며 OJT(On The Job Training : 업무 교육)를 실시한다. 1개월 뒤 중간 오리엔테이션을 3시간 실시하고, 상황을 확인하면서 '검정 시험 준비'에 들어간다. 시험은 2가지이며, 취업 규칙이나 업무의 기본 사항을 빈칸에 적거나 번호를 기입하는 형식의 시험을 치른다.

□ 검정 시험

검정 시험은 일종의 집단 면접 시험이다. 점장이 주임 면접관을 맡고, 각 판매 과장은 면접관이 된다. 피면접자와 OJT의 상사가 있는 자리에서 1명당 약 10분 동안 실시한다.

주로 몸차림의 규칙(암송할 수 있는가, 지키고 있는가를 확인), 기본적인 응수 화법, 회사의 규칙(물건 반입의 규칙 등), 신용 카드의 지식(카드 분실 때의 보장 등 난이도가 높은 질문까지), 담당 업무의 지식, '고객에게 하는 5가지의 약속' 등에 대해 질문한다. 면접관이 이런 유형의 질문을 개별적으로 했을 때 대답하지 못하면 상사에게 가르쳤는지를 확인한다. 신입 사

어떻게 좀 해봐요, 점장님!

원과 상사 사이에 이루어지는 OJT의 진행 상황은 수첩이나 영업 일보를 점검하면 알 수 있다.

끝으로, 만약 입사한다면 지금의 담당자 밑에서 계속 일하고 싶은지를 묻는다. 상사가 진지하게 가르치고 있다면 대부분 좋다고 대답하지만, 가끔 반대할 때도 있기 때문에 상사는 긴장한다.

면접이 끝나면 상사의 의견을 들은 뒤 합격 여부를 결정하고, 면접관의 합의 아래 불합격 판정이 내려지면 1주일에서 2주일 뒤에 검정 시험을 다시 실시한다. 재검정 시험은 점장이 책임지고 실시한다. 만약 이 시험에서도 불합격하면 시험 기간 2개월로 고용 계약을 종료하고 퇴직 수속을 한다. 반대로 합격하면 게시판에 발표한다.

이러한 과정을 거쳐 실시하는 검정 시험의 효과는 매우 크다. 횟수를 거듭하면서 수준이 높아지고 있으며, 특히 반발이 심했던 '아침 2시간만 일하는 사람들'도 시험 제도에 대해 차츰 이해했다. 검정 시험을 치른 사람들 가운데는 다른 기업에서 사원으로 일한 경험이 있는 우수한 인재가 많았다. 그들은 쟈스코의 사원으로 2시간 일하고, 그 뒤의 시간은 고객이 된다. 그러므로 위생 관리 상태나 상품의 원가 등이 모두 외부로 알려진다. 이때 내부 정보를 정확하게 이해하지 못하면 잘못 퍼지는 입소문 때문에 큰 오해를 받을 수도 있다.

시간제 사원들의 존재는 매우 중요하다. 쟈스코가 파트타임이나 아르바이트를 채용하는 것은 결코 인건비 때문만은 아니다. 그보

종업원을 해고해 주세요

다는 지역에서 생활하고 있는 사람들, 즉 고객을 기업 가운데로 끌어들이는 것이 품목 결정이나 영업 방침을 이해하는 데 도움이 된다는 생각에서 출발했다. 여기에 고용을 통한 지역 공헌의 측면도 있다. 그리고 신입 사원은 회사의 규칙을 선배 사원에게 배우고, 규칙을 지키지 않는 선배는 따르지 않기 때문에 문제가 생겼을 때 손쉽게 대처할 수 있다. 이것은 대단히 중요한 문화로, 모르는 것은 누구에게 물어보면 좋은지, 어디에 가면 정답을 얻을 수 있는가를 이해하는 지름길이다. 플렉스 사원과 아르바이트 사원의 비율이 70퍼센트를 넘는 상황에서 여러 가지 이유로 연간 3퍼센트 정도의 인력이 이동을 한다. 따라서 전문 인력을 조직적으로 전력화시키는 것이 매우 중요하기 때문에 영향력도 크다.

플렉스 사원과 아르바이트 사원의 시간당 임금은 풀타임 사원보다 낮다. 임금이 낮으면 질적인 수준도 그만큼 낮다는 것을 인식하고 아르바이트 사원도 엄격하게 교육시켜야 한다.

사회 공부 차원에서 아르바이트를 한다고 말하는 청소년들이 많은데, 이것은 좋은 마음가짐이다. 사회가 얼마나 엄격한지 돈을 버는 일이 얼마나 대단한 일인지를 직접 체험할 수 있기 때문이다. 일하는 모습은 매일 이루어지는 순회를 통하여 알 수 있고, 규범을 제대로 지키지 않으면 검정 시험에서 불합격 되기 때문에 나머지 아르바이트 사원에게도 좋은 영향을 끼친다. 이것은 신입 사원의 조기 육성과 전력 극대화의 효과뿐만 아니라 주임의 OJT를 촉진시키고 교육의 숙련도를 높이는 데도 절대적인 효과가 있다.

신입 사원의 경우 직장을 혹시나 잃게 되는 것은 아닐까 하는 불안감과, 떨어지면 창피하다는 의식이 생겨 정신적인 압박감을 많이 받는다. 반면 담당 주임은, 비슷한 수준의 신입 사원을 2개월 동안 교육시킨 성과가 공개 장소에서 드러난다. 신입 사원을 제대로 교육시키지 못하면 부하 직원을 둘 수 없기 때문에 양측 모두에게 효과가 크다. 예전에는 새로운 주임이 전근해 오면 기존의 부하가 상사를 은근히 무시하는 경향이 많았다. 하지만 검정 시험의 실시로 경쟁보다는 서로의 협력만이 '함께 사는 길'이라는 것을 자연스럽게 배우게 된다.

종업원을 해고해 주세요

아오모리 점에서 점장을 지낸 뒤 쟈스코 홍콩 점에서 2년 6개월 가량 근무한 적이 있다. 홍콩은 일본과 달라서 OJT의 풍토가 없고 직원도 연간 단위로 채용한다. 그러므로 자신이 어렵게 익힌 지식이나 기술을 새로운 사람에게 가르쳐 주는 것을 꺼린다. 이런 환경에서 신입 사원은 기존 직원들에게는 최대의 경쟁 상대가 된다. 신입 사원은 상사의 말 한마디로 합격과 불합격이 달라지기 때문에 상사의 마음에 들도록 행동해야 한다. 자연히 회사보다는 채용을 결정해 준 상사에 대한 충성심이 강할 뿐만 아니라 평생 의리를 마음속에 다지는 것이다. 지금까지는 이런 체제를 수정하거나 바꿀 방법이 없었다. 하지만 검정 시험 제도를 도입한 뒤부터는 모든 채용이 공개적으로 이루어져 이런 불합리한 문제들이 일시에 해결되었다.

대부분의 상사는 자신보다 부하가 칭찬 받는 것을 더 기뻐한다.

"일전에 매장에서 상품의 위치를 물었더니 '연수 중' 이라는 이름표를 단 사람이 매우 친절하게 그 장소까지 안내해 주었습니다. 그 사람의 친절에도 감동했지만 직원들을 잘 교육시키고 있다는 것을 알게 되어 좋은 인상을 받았습니다. 이 가게가 점점 좋아지고 있다는 것을 느낍니다. 앞으로도 열심히 해주세요"

이 카드를 받았을 때 입가에 미소가 저절로 생겼다. 고객에게 펼치는 서비스의 질은 종업원 개인의 문제가 아니라 회사 전체의 수준에 따라 다르게 나타난다는 점을 항상 명심해야 한다.

종업원을 해고해 주세요

제5장
이것 좀 그 점포에 알려 주세요

세 든 점포의 고충은 어떻게 처리할까?

■ 고객으로부터

1주일에 2번 가량 쟈스코를 이용하고 있습니다. 쟈스코는 물건이 다양하여 장보기를 한번에 끝낼 수 있기 때문에 매우 편리합니다. 식사도 자주 하는 편인데 가게가 많아 어디서 먹어야 할지 언제나 망설이게 됩니다. 1월 18일에는 야키소바(볶음면)와 오고노미야키(빈대떡)를 파는 3층의 라면 가게에 들어갔습니다. 그 가게에 처음 간 것은 아니지만 소스가 너무 시큼했습니다. 그리고 그날 따라 맛이 정말 없었습니다. '오고노미야키 세트'를 먹었는데 오고노미야키는 밀가루 덩어리여서 두서너 젓가락만 겨우 먹고 남기고 말았습니다. 오고노미야키뿐만 아니라 라면이나 야키소바도 맛이 없었습니다.

그 가게의 종업원은 이 음식을 먹어 봤는지 정말 묻고 싶습니다. 먹어 봤다면 맛있다고 생각하는지요? 점장님께서 한번 맛을 확인해 주십시오. 정말 맛이 없을 겁니다. 다시는 가지도 않겠지만, 만

약 갈 기회가 있다면 그때는 맛이 있기를 바랍니다.(조리사 견습생, 21세 · 여성)

＊　　　＊

매우 도전적인 내용의 카드를 받았다. 회답은 언제나 공개하기 때문에 세 든 사람들도 항상 게시판을 보고 있다. 고객은 점 내의 모든 가게가 쟈스코라고 쉽게 생각한다. 문제가 생기면 점장에게 부탁하면 해결될 것이라는 기대를 가지고 세 들어 있는 점포에 대한 고충이나 의견도 많이 보낸다. 하지만 이 가게들은 쟈스코와는 별개의 다른 회사이기 때문에 간단하지만은 않다. 다행히 지금까지는 비교적 협조를 잘 해줘서 큰 문제는 없었다.

나는 고객의 의견 카드를 공개하는 것 외에 '점장의 메시지'를 2~3주 간격으로 배포하고 있다. 내용은 점포의 운영 방침이나 환경, 고객의 목소리(고객 만족) 등에 대한 것들이다. 이런 메시지를 통해 점포 전체의 영업 방침이 명확히 서게 된다. 이번 카드 내용과 관련 있는 해당 점포는 다음과 같은 회답을 했다.

＊　　　＊

● 라면 ○○○ 점장의 회답

조리사 견습생님께.

3층에 있는 라면 ○○○입니다. 당 점의 오고노미야키 세트와 관련된 의견 카드에 대한 답변입니다. 우선 날카로운 지적과 의견에 감사드립니다. 지적해 주신 오고노미야키 세트를 확인해 봤지만 상품의 결점은 발견하지 못했습니다(오고노미야키는 냉동 식품을

이것 좀 그 점포에 알려 주세요

사용합니다). 지금 상황에서는 담당자가 조리 과정에서 잘못한 것으로 추측할 뿐입니다. 대단히 죄송합니다. 앞으로는 이러한 일이 없도록 주의하겠습니다. 그리고 이번 문제를 조사하면서 오고노미야키의 맛이 매우 일반적이라는 사실을 깨닫게 되어 메뉴에서 제외하기로 결정했습니다. 다시 한번 귀중한 의견에 감사드립니다.(라면 ○○○의 점장 및 종업원 일동)

● **점장의 회답**

조리사 견습생님께.

해당 점포의 성의 있는 자세를 보고 저도 배워야겠다는 생각을 했습니다. 오고노미야키 세트는 메뉴에서 뺐지만 시간이 나시면 다른 음식의 맛을 꼭 봐 주세요. 그리고 조리사 견습생님도 고객의 기분을 소중하게 생각하는 조리사가 되시기를 바랍니다.

어떻게 좀 해봐요, 점장님!

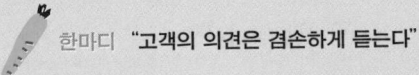

　고객의 의견 카드에는 모두 회답하지만, 임대 점포의 경우는
해당 점포에서 쓴 것을 내가 보충하는 식으로 처리한다. 그렇게
하는 것이 책임자의 의식도 생기고 고객에게 호감을 줄 수 있기
때문이다. 같은 건물 안에서 같은 고객을 함께 상대하기 때문에
사이가 나빠지는 일은 거의 없다. 간혹 쟈스코의 중개를 구하는
경우도 있는데 이것 역시 나의 일이라고 생각한다. 이것을 보고
'남의 고객 일에 왜 저렇게 열심일까?' 하고 이상하게 생각하는
사람도 있을 것이다. 작년에 유행했던 FSP 전략(로열 커스터머 전
략 : 자기 점포에 보다 많은 매상과 이익을 가져오는 고객을 최우선
으로 삼는 영업 판촉 활동) 측면에서 보면 쓸데없는 일에 힘을 쓰
고 있는 것처럼 보일 수도 있다. 하지만 지역 산업의 기초 역할을
하는 대형 점포를 맡고 있는 만큼 물건의 구매와 상관없이 모든
고객의 의견을 겸손하게 들을 줄 알아야 한다. 기업은 영업 활동
의 전반을 통하여 이익을 높이는 책임과 지역 사회 구성원의 일
원으로서 지역의 건전한 발전에도 공헌해야 한다.

25화 · 레스토랑 측의 배려가 모자라요

고객은 최고의 선생님이다

■ **고객으로부터**

　며칠 전 가족과 함께 ○○○레스토랑에서 식사를 했을 때의 일입니다. 그때 매우 불쾌한 일이 있어서 한마디 주의를 주고 싶습니다. 일요일이라 복잡한 것은 이해하지만, 어른이 시킨 메뉴는 바로 나온 반면 아이가 주문한 음식은 어른이 다 먹을 즈음에야 겨우 나왔습니다. 아이는 자신의 음식이 나오지 않자 불만스러운 표정으로 우리가 먹는 모습을 지켜보고 있었습니다. 밖에는 많은 사람들이 줄을 서서 기다리고 있었습니다. 우리는 그 사람들이 빈 접시를 흘깃거리며 '빨리 나와' 라고 재촉하는 것 같아 몹시 불쾌하고 짜증스러웠습니다.

　상식적으로 생각해도 어린이는 먹는 속도가 느리기 때문에 음식이 어른보다 먼저 나와야 한다고 생각합니다. 작은 일에도 세심하게 배려 해 주는 가게가 되었으면 좋겠습니다.

미나가타 점은 온 가족이 함께 일요일에 장을 보러 오는 전형적인 슈퍼마켓이다. 그러므로 일요일은 매상도 평일보다 3.5~4배 정도 높다. 1시간 정도 걸리는 지역의 고객도 드라이브를 한다는 생각으로 찾아와 쇼핑을 즐기기 때문이다. 더욱이 이곳의 환타지 랜드는 어린이에게 인기가 매우 높다. 하지만 신생 점포이기 때문에 종업원의 교육이 미흡하여 고객이 많이 붐비는 일요일에는 아이들의 소란으로 북새통을 이룬다.

● **점장의 회답**

이번 일은 대단히 죄송합니다. 레스토랑은 개별적으로 경영하는 곳이지만 이곳 전체를 책임지는 점장으로서 책임을 면할 수는 없다고 생각합니다. 레스토랑의 책임자에게 앞으로는 절대 그런 일이 생기지 않도록 교육을 단단히 시키겠다는 약속을 받았습니다. 저도 여러 번 다른 사람의 재촉하는 시선을 받아 본 적이 있기 때문에 그 괴로움을 잘 압니다. 앞으로도 충고할 일이 계시면 주저하지 마시고 알려 주십시오. 감사합니다.

■ **고객으로부터**

패밀리 레스토랑 ○에서 식사를 했을 때의 일입니다. 세트 메뉴에 음료수(셀프서비스)가 포함되어 있었지만 식사가 끝날 때까지 아무런 얘기가 없었습니다. 계산하면서 직원에게 물어봤더니, 말하는 것을 잊어버렸다며 대수롭지 않게 여기더군요. 미안하다는 말도 한마디 없었습니다. 아무리 아르바이트 사원이라도 일은 일

입니다. 좀 더 정중하게 해줬으면 합니다.(여성)

● 점장의 회답

알고 보니 고객께서 말씀하신 그 직원은 다른 고객으로부터도 불친절하다는 지적을 받고 있었습니다. 무료 서비스이기 때문에 이용하지 않으면 돈을 버는 것이라고 생각한다면 서비스업을 제대로 이해하지 못한 것입니다. 무료 서비스도 요금에 포함된 것이므로 가능한 한 고객에게 만족을 주고 점포에 다시 와 주기를 기대하는 것이 당연한 것입니다.

하지만 그 사원은 아직 그 점을 깨우치지 못한 것 같습니다. 이런 일을 당하면 다시는 그 가게에 가고 싶다는 마음이 들지 않을 것입니다. 이런 식의 대응은 해당 점포뿐만 아니라 다른 모든 점포도 주의해야 합니다. 고객을 자신의 가족으로 생각한다면 행동이나 생각도 바뀔 것입니다.

■ 고객으로부터

가끔 ○에서 식사를 하는데 여러 가지를 느낍니다. 9월 3일에 먹은 일본풍의 스파게티는 일반 주부가 요리한 것보다도 훨씬 맛이 없었습니다. 그리고 음료수의 품목에 우롱차나 계절에 맞는 아이스 티 등은 넣어야 한다고 생각합니다. 정해진 메뉴에서 선택하라면 할 말이 없지만 식후에 아이스 티 정도는 마시고 싶기 때문입니다. 덧붙여 종업원의 교육이 제대로 되지 않은 듯한 느낌도 받았습니다.

● 점장의 회답

   답장이 늦어져서 정말 죄송합니다. ○의 점장으로부터 다음과
같은 회답을 받았습니다.

   "지역성을 고려하지 않고 전국적으로 통일된 메뉴여서 맛을 느
낄 수 없었을지도 모릅니다. 그렇지만 음료수 문제는 조정하겠습
니다. 그리고 계절을 느낄 수 있는 따뜻한 메뉴도 준비했습니다."

   다시 한번 이용해 주십시오. 고객의 의견을 최대한 반영하여 불
편함이 없도록 노력하겠습니다. 앞으로도 많은 이용 부탁 드립니다.

사실 이 레스토랑은 자체적으로 의견 카드 제도를 실시하고 있다. 각 테이블 위에 비치된 카드에 의견을 써서 계산대의 조그만 상자에 넣으면 된다.

그렇다면 쟈스코에 의견 카드를 보낸 이유는 무엇일까? 레스토랑의 카드는 익명이 보장되지 않아 정직하게 쓰기가 어렵다. 익명으로 하더라도 얼굴이 알려지는 것이 싫은 것도 이유 가운데 하나다. 그리고 처음에는 점원의 행동이 의아해서 바로 쓰지 않다가 나중에 쓰고 싶은 마음이 생겨도 다시 돌아와서 쓰기가 쉽지 않다. 아니면 한두 번 써 봤지만 개선되지 않았거나 회답이 없어서 쟈스코로 보낸 것일 수도 있다. 이유야 어떻게 되었든 이 모든 것은 임대를 해준 쟈스코의 책임이다. 특히 이렇게 구체적으로 알려 준 내용은 확실히 개선해야 한다. 고객의 진심을 담은 평가는 어떤 것보다 가치가 있다는 사실을 깨우쳐 주는 사례다.

26화 아르바이트 사원을 소개해 주세요

점장의 연애 상담 코너

■ **고객으로부터**

식료품 매장에서 아르바이트를 하는 사람이 마음에 듭니다. 키가 크고 얼굴이 하얗게 생긴 직원의 이름을 알고 싶습니다. 꼭 좀 알려 주세요. 부탁합니다.(16세 · 여성)

        *   *

가끔씩 이런 내용의 카드도 온다. 이 경우 고충을 듣는 것보다 훨씬 즐겁기 때문에 언제나 곰곰이 생각해서 회답을 쓰고 있다. 이것도 인생 선배로서의 의무인지도 모르겠지만 …….

● **점장의 회답**

이 카드를 아르바이트 사원들에게 보이면 모두가 자신이라고 대답할 것입니다. 점장으로서 아르바이트 사원들간의 좋은 관계를 깨고 싶지 않기 때문에 직접 찾아가서 알아보는 것이 좋을 것 같습니다. 모두 이름표를 달고 있어 금방 알 수 있을 것입니다. 말을 건네는 방법은 3가지 정도 있습니다.

첫째, 상품을 찾는 척하고 묻는다.

둘째, 상품을 많이 구입하여 무거워서 운반하기 힘들 경우 차가 있는 곳까지 들어 달라고 부탁한다(일본은 카터를 주차장까지 가지고 나갈 수 없다).

셋째, 매일같이 장을 보러 와서 인사를 하여 자신의 얼굴을 익히게 한다.

이 가운데 할 수 있는 방법을 선택해서 시도해 보기를 바랍니다.

*　　　　　*

위에 적은 방법들은 모두가 매상을 자연스럽게 올릴 수 있는 것으로 점장다운 대답이다. 하지만 이 정도라면 다른 사람은 웃으면서 읽을 수 있고, 당사자는 진지하게 고민한 뒤 잘할 수 있는 방법을 택해 실행에 옮길지도 모른다.

■ 고객으로부터

오빠가 책 코너에 있는 노랑머리를 한 언니에게 반한 것 같습니다. 언니가 쟈스코를 그만두지 않도록 해주세요. 오빠는 요즘 쟈스코에 가는 일을 하루 일과로 삼고 있습니다. 오빠는 지금 고등학교 2학년입니다. 잘 부탁합니다.(15세·여성)

● 점장의 회답

꽤 마음에 들었나 보군요. 하지만 정말 중요한 것은 본인이므로 힘내라고 전해 주세요. 1년 정도를 꾸준히 다니면 그 마음이 통하게 될지도 모릅니다.

■ 고객으로부터

쟈스코의 미나가타 점에는 미인이 많은 것 같습니다. 소개 좀 시켜 주십시오. 이 말은 절대 농담이 아닙니다. 저는 현재 사법 시험을 준비하고 있으며 ○○○대학을 졸업했습니다. 미혼인지 기혼인지 분간하기가 어려워 말을 걸기가 조심스럽습니다.

● 점장의 회답

사법 시험을 준비하는 분답게 꼼꼼히 단계를 밟는 자세에 호감이 갑니다. 결혼 여부는 장래 변호사가 되실 분이니 이번 기회를 통해 추리력과 통찰력을 갈고 닦는 것이 어떻겠습니까? 소개를 하고 싶어도 고객의 열의가 어느 정도인지 몰라 뭐라 말하기가 어렵습니다. 사진이라도 보내 주십시오.

*   *

결론을 말하면, 사진은 오지 않았다. 하지만 내용에 상관없이 회답을 한다는 원칙 때문에 이온 그룹의 결혼 정보 서비스 회사에 '좋은 여성을 찾습니다. 만약 당신이 진지하고 23세 이상의 여성이라면 신청 가능합니다' 라는 내용의 광고를 실었다.

■ 고객으로부터

저는 쵸코 점장님의 열렬한 팬으로, 그분과 사진을 같이 찍고 싶습니다. 점장님 제 부탁을 들어주세요. 저는 4월 6일에 이사하기 때문에 그 전에 꼭 찍을 수 있기를 바랍니다.(18세 · 여성)

*　　　　*

'쵸코 점장님' 은 인기 있는 탤런트와 관련된 물품을 판매하는 임대 가게의 점장이다. 부럽게도 그 점장님은 팬이 많아서 언제나 공개 러브레터를 받고 있다. 질투가 나기는 하지만 같은 사람이 2번이나 보내는 열성과 이사 간다는 문구, 그리고 소녀의 예민한 마음에 이끌려서 한번 힘을 쓰기로 했다.

● 점장의 회답

쵸코 점장님으로부터 '언제라도 좋다' 는 대답을 들었습니다. 점장님의 전화번호는 ○○○-○○○○입니다. 전화를 걸어서 시간을 맞춰 보십시오. 하지만 점 내에서만 촬영을 해야 하며, 무허가 촬영과 플래시 사용은 피해 주십시오. 그리고 반드시 저를 통해서 해주시기 바랍니다. 이번 경우만 특별히 예외적으로 후원하는 것이니 즐거운 추억을 만드시기 바랍니다.

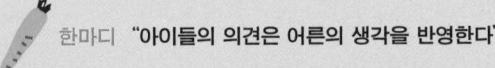 한마디 "아이들의 의견은 어른의 생각을 반영한다"

　　어린아이들의 카드는 기상천외한 것도 많이 있지만, 아이들의 사고방식을 알 수 있는 기회가 되어서 좋은 점도 있다. 표현이 유치하거나 난폭한 내용도 있는 반면 진지한 상담을 요청하는 경우도 많다. 아이들의 의견은 어른의 생각을 반영하기 때문에 판단 기준을 정하는 데 도움을 준다. 뿐만 아니라 물건을 훔치는 것에 대한 의견을 보내거나 지금 유행하는 화제의 상품을 알려 주는 등 직접적인 정보도 많이 들어 있다.

이것 좀 그 점포에 알려 주세요

27화

6시 개점은 말도 안 돼요

종업원의 공개 질문 카드

■ **고객으로부터**

"6시에 개점한다니 정말 어처구니가 없어." (남성)

"8월 13일부터 6시에 개점한다는 계획을 그만둬! 지금 농담하는 거야, 점장? 정말 괴로워."

*　　　　*

이런 내용의 카드가 7월 중순에 2장이나 왔다. 미야니켄의 북부 농촌 지역인 인구 9,800명의 마을에 미나가타 점을 개점하여 채 1년도 지나지 않았을 무렵이다. 모든 것이 처음 겪는 일인데다 매상도 예상을 크게 밑돌아 힘들 때였다. 하지만 개점하여 첫 연말과 정월을 경험해 보고 귀성하는 고객 수가 많다는 것을 알았다. 이 지역은 추석과 정월에 고향을 찾는 가족이 매우 많았다. 귀성 시즌 중에는 집만으로는 부족해 차고를 개방하여 접대하는데 그 수가 보통 20명이 넘었다. 그 중요한 추석을 어떻게 대비할 것인가를

어떻게 좀 해봐요, 점장님!

검토하던 중 추석 때 필요한 야채나 생선 등을 살 수 있는 아침 장이 화제가 되었다.

아침 장은 이미 동북 지방에서는 아침 5시에 여는 가게가 있을 정도로 대성황을 이루고 있다. 이 점에 착안하여 미나가타 점도 아침 장—아침 7시나 8시는 고객에게 어중간한 시간이라고 판단되어 아침 6시로 결단을 내렸다—을 열기로 했다. 종업원들은 당연히 싫어했지만 쟈스코는 원래 이런 곳이라고 각오를 한 탓인지, 아니면 매상이 기대에 미치지 못한다는 사실을 피부로 느낀 탓인지 일단 겉으로는 반대하지 않았다. 하지만 수긍하지 못한 아르바이트 사원들이 모여 이 카드를 보냈다. 8월 13일 아침에 장을 여는 것은 회사의 비밀이지만 연락처가 없어서 회답을 게시판에 올렸다.

● 점장의 회답

저는 쟈스코에 들어와서 '시간에만 일하는 사람은 샐러리맨, 성과로 일하는 사람은 상업인'이라는 말을 배웠습니다. 성과란 고객의 만족이며, 더불어 고객에게 감사 인사를 받는 것입니다.

추석은 멀리 떨어진 가족이 시간과 경비를 들여서 고향을 찾는 아주 큰 행사입니다. 13일은 아침부터 성묘하고 친지들에게 인사를 가거나 동창회, 이벤트 등으로 매우 바쁜 날입니다. 그렇기 때문에 대부분의 고객들은 아침 일찍부터 장을 볼 수 있기를 바랍니다. 쟈스코가 생기기 전인 작년과 개점한 올해가 고객들에게 어떤 변화나 도움을 줄 수 없다면 쟈스코의 존재 가치는 없다고 생각합니다.

새롭게 개장한 가게가 고객의 신뢰를 얻기까지는 많은 노력과

이것 좀 그 점포에 알려 주세요

어려움이 뒤따릅니다. 편의점이 많은 사람들에게 인기를 얻고 지지를 받는 이유는 무엇일까요? 24시간 영업과 그에 맞먹는 노력 때문이 아닐까요? 꾸준히 노력하면서 행동과 결과로 보여 주는 것만이 고객의 신뢰를 얻을 수 있는 길입니다.

＊　　　＊

이 회답에 대한 더 이상의 반발은 없었다. 문제의 아침 장은 아침 6시에 연 것이 주효하여 대성황을 이뤘다. 아침 7시에는 1,700대를 주차할 수 있는 주차장이 넘쳐날 지경이었다. 그 뒤 미나가타 점의 다음 전근지인 아오모리 점에서 일할 때는 '1월 1일 영업'에 도전했다. 1월 1일 영업은 전국적으로 찬반양론이 있었지만 경쟁에서 이기기 위해 생각해 낸 방법이다. 그때도 종업원들의 공개 질문 카드를 받고 다음과 같이 회답했다.

● 점장의 회답

우리들은 소매업이지만 일정 수준 이상의 레저 시설과 식당을 갖추고 있습니다. 그리고 이것들을 무기로 다른 경쟁점의 고객을 끌어들이고 있습니다. 1월 1일부터 근무하는 곳은 우리들만이 아닙니다. 호텔이나 교통 기관, 스키장 등의 모든 직원들도 근무하고 있습니다. 이날에도 전체의 30퍼센트 정도는 일을 합니다. 우리들이 판매하는 상품은, 예를 들어 싱싱한 생선은 어부가 거친 바다에서 목숨을 걸고 잡은 것을 트럭 운전사가 밤새 운반해 온 상품입니다. 그런 상품에 땀 한 방울 흘리지 않은 우리들은 매입 원가에 이익을 붙여서 판매하고 있습니다. 우리가 고객의 돈으로 이익을 얻는 이유가 어디에 있습니까? 부디 곰곰이 생각해 주십시오.

＊　　　　　＊

종업원의 질문은 공개 질문뿐만 아니라 가끔씩 독특한 것도 온다.

■ 고객으로부터

저는 쟈스코에서 아르바이트를 하고 있습니다. 며칠 전 고객이 꼬치구이의 개수를 5개나 속였습니다. 이럴 때 어떻게 하면 좋을까요? 프로의 의견을 들려주세요.(16세 · 여성)

● 점장의 회답

일본은 법치 국가이기 때문에 형법도 자백주의가 아닌 증거주의를 택하고 있습니다. 사람을 죽였다고 본인이 자백해도 시체가 없으면 재판에 회부되지 않습니다. 그러므로 이 내용만 보고 고객을 의심할 수는 없습니다. 계산원이 꼬치구이의 개수를 세지 않고 단순히 몇 개냐고 묻자 사실은 20개지만 15개라고 대답한 것입니까? 그 경우라면 손에 꼬치를 들고 있으므로 계산원이 알아차려서 개수를 확인해야 합니다. 고객이 지나치다 싶을 때는 꼬치구이를 떨어뜨려서 새로운 물건으로 교체하는 작전을 쓰기도 합니다.

이것 좀 그 점포에 알려 주세요

종업원은 일에 익숙해지려고 애쓰지만 실제로는 도대체 무엇을 위해 자신이 일하는지를 의외로 잘 모른다. 그리고 상사도 기술은 알려 주지만 목적은 가르치지 않는다. 따라서 고객이 보내는 고충 사항은 어떻게 보면 당연하다. 그 내용을 확인하면 대개의 종업원은 '시킨 대로 한 것뿐인데' 하고 반발한다. 그러므로 시간을 들여서라도 기술만이 아닌 목적까지 확실하게 가르쳐야 한다. 이것을 통해 종업원들도 사회에 대한 공부를 하게 된다.

이 같은 내용의 상담 카드와 회답을 공개하면 여러 가지 좋은 점이 있다. 그 가운데 종업원에 대한 교육 효과가 매우 높다. 매장의 고객용 칠판 외에 종업원용 통로나 식당 앞에도 큰 게시판을 만들어 카드를 매주 게시해 놓고 있다. 이를 통해 다른 부문에서 일어난 일이나 고객의 사고방식, 태도 등을 객관적으로 보는 눈을 기르게 된다. 무엇보다 가게를 책임지고 이끌어 나가는 점장이 어떤 식으로 회답하고 있는가를 보고 자신이 어떻게 행동해야 하는가를 이해하는 것은 매우 중요하다.

28화

점장님, 코털이 보여요

아이들의 질문에 어떻게 대답할 것인가?

■ 고객으로부터

점장님은 코털이 보인다는 것을 알고 계십니까? 점장으로서 부끄럽게 생각되지 않나요? 제가 듣기로 좀 우유부단하다고 들었는데 점장님은 자신의 어떤 점이 우유부단하다고 생각합니까? 마지막으로 쟈스코는 ○○○보다 비쌉니다. 그러니 좀 싸게 해주세요.

*　　　　　*

어린이가 쓴 것으로 보이는 이 카드는 이름이나 연락처가 없었다. ○○○는 우리의 경쟁점이다. 보통의 경우 이런 카드에는 답장을 쓰고 싶지 않고, 또한 쓰지 않아도 크게 문제가 되지 않는다. 하지만 인권을 침해하는 내용만 아니면 어떤 카드에도 회답한다는 원칙을 가지고 있기 때문에 카드를 몇 번이고 계속해서 읽었다. 여러 번 읽으니 글을 쓴 사람의 성격이나 인간성 등을 알 것 같았다. 그 대상이 어리기 때문에 마음을 읽을 수 있는 것이다.

● 점장의 회답

  누군지는 모르겠지만 판단을 틀리게 하거나 마음대로 상상하는 것은 좋지 않습니다. 가위라도 가지고 꼭 한번 확인하러 오십시오. 그리고 사람은 때때로 우유부단할 수밖에 없다고 생각합니다. 확실히 저는 우유부단한 면이 있습니다. 그것은 제 성격이 낙천적이며 다른 사람을 쉽게 믿고 기대는 일이 많기 때문입니다. 카드에 이름은 없지만 나쁜 사람은 아닐 것이라고 믿기 때문에 회답을 쓰는, 바로 이런 면이 우유부단하다는 말을 듣는 원인이겠지요. 끝으로 ○○○와 비교해서 저희가 비싸다고 말씀하셨는데 이것은 처음 듣는 말입니다. 특히 비싸다고 생각하는 물건에 대해서 구체적으로 말씀해 주시면 감사하겠습니다.

■ 고객으로부터

  얼마 전에 ○○○에 왜 갔는지 알려 주세요.(14세 · 남성)

＊　　　＊

  점 내에 붙어 있는 사진 탓인지 조금 유명한 사람이 되었다. ○○○는 생선만을 전문적으로 파는 디스카운트 가게다. 그러므로 싼 가격을 제일 중요하게 여긴다. 신선도 관리나 품질 면에서는 우리와 비교할 수 없지만 특별히 최저 가격으로 파는 날에는 고객이 많이 몰린다. 이런 이유 때문에 고객의 심리를 파악하기 위해 경쟁점을 자주 방문한다. 이 글을 쓴 어린이는 아마도 거기서 나를 보았던 것 같다. 이런 경우 단순히 사실만 적은 회답을 보내면 재미가 없다.

● 점장의 회답

아! 나를 보고 말았군요. 이젠 저도 맨얼굴로는 다닐 수가 없게 되었군요. 분명히 ○○○에 갔었습니다. 그렇지만 전단지에 나온 싼값의 상품을 사려고 간 것은 아닙니다. 개점 세일 기간이어서 조사차 방문한 것이랍니다. 물론 이것도 제가 하는 일 가운데 하나입니다.

그곳에 가서 조사하는 일은 진열되어 있는 생선의 상태 등에 대해 알아보는 것이지요. 예를 들면, 문어는 3월 20일에 갔을 때는 '3월 22일까지 OK'라는 날짜 표시가 붙어 있었습니다. 이것은 유통 기한의 표시이지 제조일의 표시는 아닙니다. 쟈스코는 제조한 날짜의 시간까지 표시하고 있으며 당일에 모두 파는 것을 원칙으로 합니다. 이런 것들을 염두에 두면서 고객이라면 어느 쪽의 방식을 더 안심하고 구매할 것인가를 항상 생각합니다.

■ 고객으로부터

나는 소시지를 정말 좋아합니다. 특히 빨간 윈나가 좋은데 엄마는 착색료가 들어 있기 때문에 안 된다고 합니다. 도대체 착색료가 어떤 것인지 궁금합니다.

● 점장의 회답

착색료는 천연 색소와 합성 색소의 2종류가 있습니다. 천연 색소는 자소 등의 잎을 가공하여 식품에 착색합니다. 합성 착색료는 인공적으로 색깔을 낸 것입니다. '빨간 윈나'는 '적색 106호' '적색 104호' '아드너' 등의 착색료를 사용하고 있습니다. 이 착색료는 실제로는 맛이 좋지만 원래 색깔 그대로 내놓으면 맛이 없어 보

이것 좀 그 점포에 알려 주세요

일 것 같은 상품을 맛이 좋게 보이도록 하는 역할을 합니다. 즉 어머니의 화장 기술과 같은 원리라고 생각하면 됩니다. 이것은 모두 나라에서 안전성을 검증한 색소입니다. 이 밖에 '무착색 원나'도 있습니다. 맛의 차이를 비교해 보십시오. 앞으로도 질문을 많이 하여 박식한 사람이 되기를 바랍니다.

＊　　　＊

어린이는 부모나 어른들의 사회에 영향을 많이 받는다. 이를 보여 주는 단적인 예로 소비세가 5퍼센트 올랐을 때 어린이들이 항의 카드를 많이 보냈다.

■ 고객으로부터

소비세를 5퍼센트 올리는 것 그만둬! 돈이 없단 말이야.(16세)

● 점장의 회답

마침 잘 말씀해 주셨습니다. 지난번 소비세 도입 때는 초등학교 학생까지도 '반대! 반대!'라는 내용의 상담 카드를 많이 보냈습니다. 하지만 이번처럼 5퍼센트 인상을 반대한다는 카드를 받은 것은 처음입니다. 저도 최근의 일을 보면 화가 납니다. 이것은 단순히 '돈 없어!'하는 측면의 문제가 아닙니다. 쟈스코는 고객의 세금을 일단 보관하는 입장이지만, 고객이 이 정도의 슈퍼마켓이라면 5퍼센트 세금을 내도 좋다고 납득할 수 있는 상품이나 서비스를 제공하도록 노력하겠습니다.

'왜 이토록 정중한 회답을 하는 겁니까?' 라는 질문을 직원에게서 자주 받는다. 그럴 때마다 나는 이렇게 대답한다.

"만약 이 카드를 실명의 어른이 보냈다면 어떤 태도를 보일 텐가? 당연히 성의 있게 대답하겠지? 표현 능력이 조금 유치한 것뿐이지 아이들도 어른과 똑같아. 반대로 어른의 생각을 어린이가 이렇게 표현한 것으로 생각할 수도 있어. 그러니 회답은 모든 고객에게 똑같이 성심껏 해야 해."

■ 고객으로부터

의견 카드를 보냈지만 답장을 받을 것이라고는 생각하지 못했습니다. 그래서 엽서를 받았을 때 '어? 나에게?' 라는 생각이 들 정도였습니다. 중학생도 고객으로 인정해 주는 것은 기쁜 일입니다. 답장을 읽다가 '아! 그렇구나' 하고 감탄하는 일도 많았습니다. 앞으로도 좋은 쟈스코가 되길 바랍니다. 그리고 힘드실 테니 답장은 필요 하지 않습니다.(13세 · 여성)

● 점장의 회답

제게도 중학생인 딸아이가 있지만 중학생이 되면 훌륭한 의견을 가질 수 있는 나이입니다. 그리고 그 나이에는 어른보다 더 날카로운 감수성이 있습니다. 저는 솔직한 의사 표현은 비록 아이들의 의견이라도 소중하게 받아들여야 한다고 생각합니다. 그리고 답장은 필요 하지 않다는 배려도 고맙습니다. 이번에는 엽서로 회답하지는 않겠습니다.

이것 좀 그 점포에 알려 주세요

아이들이 보낸 카드를 살펴보면 의견이 매우 다양하다. 놀리는 것 같은 카드에도 정보가 많이 들어 있다. 카드에 쓰여 있는 번호로 전화를 하면 정작 본인은 기억에 없다고 말하는 경우가 있다. 이 경우 아이의 친구가 장난을 한 것이 대부분이다. 나는 아이들에게 사회의 규칙을 알려 주는 것이 중요하다고 생각한다. 아이들이 좋아하는 상품을 자유롭게 만질 수 있도록 진열하고 도난을 방지하기 위해 경비원을 배치하면 반발하는 아이가 있다. 이것은 '내가 나쁜 일을 한다고 생각하고 있다. 기분 나쁘다. 그렇다면 해주지, 뭐'라는 생각을 갖기 때문이다. 반면 아이가 학교에서 따돌림을 당했다는 것을 의견 카드를 통해 알게 된 부모가 감사 인사를 하러 온 경우도 몇 번 있었다.

■ 고객으로부터

뒤를 밟지 마세요. 저는 물건을 훔치는 일 따위는 하지 않습니다. 제 뒤를 밟은 것은 저를 의심하기 때문입니까?(15세 · 남성)

● 점장의 회답

다른 지역의 점장으로 있을 때 있었던 일입니다. 경비원이 사복 차림으로 점 내를 돌던 중 의심스러운 여성이 있어서 뒤따라갔지만 아무 일도 없었다는 보고를 받은 적이 있습니다. 그런데 그날 밤에 아내가 "오늘 쟈스코에 갔다가 당신이 매장에 있을 것 같아 점 내를 돌며 찾아보았어요. 전근한 지 얼마 되지 않았기 때문에 나를 아는 종업원이 없을 같아 마음이 놓였어요. 그런데 인상이 좋지 않은 이상한 사람과 눈이 마주쳤는데 내가 가는 곳마다 따라왔어요. 젊은 사람이 평일 낮부터 할 일 없이 돌아다는 것이 이상하잖아요. 혹시 치한이 아닐까 하는 생각이 들어 기분이 나빴어요" 하고 말하는 것을 듣고 깜짝 놀랐습니다. 조금 뒤에 아내는 자신이 절도 용의자가 되었다는 사실을 알고 화를 참지 못했습니다.

　이번 경우는 기분이 나쁘시겠지만 이해해 주시면 감사하겠습니다. 물건을 사는 척하다가 훔치는 사람이 많아 어쩔 수 없이 자구책으로 내놓은 방범 조치입니다. 세상이 냉엄하다는 사실을 체험한 것으로 이해해 주십시오.

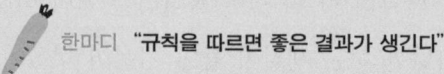

여기서는 전체의 20퍼센트를 차지하는 아이들의 상담 카드 가운데 일부분만을 소개했다. 나는 어린아이들에게 '세상은 자신이 행동하면 반드시 반응이 있다. 규칙에 따르는 행동을 하면 좋은 반응이 있고, 반대의 상황에서는 나쁜 결과로 이어진다' 는 사실을 카드의 회답을 통해 말하고 싶었다.

게시판에는 매주 2장 정도만 올릴 수 있기 때문에 비슷한 내용이나 다른 사람이 읽어서 불쾌할 것 같은 카드는 파일에 보관한다. 아이들은 자신의 의견을 게시판에 올리기 위해 여러 가지 방법을 동원하여 정중하게 써 보내고, 때로는 삽화까지 그려서 보낸다.

29화 점장님, 힘내세요! 비판에 지면 안 돼요

가끔은 응원 카드도 온다

■ **고객으로부터**

게시판에 오르는 고객의 의견이 너무 제멋대로다. 아무리 고객이라고 해도 말을 너무 심하게 하는 것 같다. 점장님이 불쌍하다.(10대 · 남성)

*   *

미나가타 점은 신설된 지 얼마 되지 않기 때문에 종업원들에게는 모든 것이 낯설다. 그러므로 초보적인 실수를 많이 저질러 날마다 고충 카드를 받는다. 고객이 보내는 카드는 얼핏 보면 고객의 일방적인 고충으로 보이는 것 같지만 나의 입장에서는 얻는 것이 더 많다. 특히 카드 공개 시스템 덕분에 고객에게 구체적인 사실을 배우거나 고객의 글에서 해결의 실마리를 얻기도 한다. 하지만 계속해서 사죄만 하는 나를 동정하여 가끔은 격려 카드도 보내 준다.

오랜만에 마음을 편하게 해주는 의견입니다. 일반 상점에서는 고객의 희망과 불만이 상점의 방침 등과 달라 의견을 모으기가 어렵습니다. 하지만 쟈스코는 의견 카드나 회답을 게시판에 공개하기 때문에 카드를 쓴 사람의 50~60배에 해당하는 많은 분들이 볼 수 있습니다. 때때로 과격한 문장이 눈에 띄거나 지나치게 직설적인 표현도 있지만 진실한 속마음을 말씀해 주시는 것이 저희들에게도 도움이 됩니다. 가끔 거짓말이나 다른 사람에게 상처를 주는 카드도 있습니다. 그렇지만 저는 여러분의 양심을 믿습니다. 성원해 주셔서 감사합니다.

■ 고객으로부터

매회 즐겁게 카드와 회답을 읽고 있습니다. 카드를 읽으면 쟈스코의 직원이 일방적으로 나쁜 것처럼 나오지만 저희들의 태도는 어떨까요? 이에 대해 곰곰이 생각하다가 쟈스코 직원들의 생각이나 의견을 쓰는 공간이 있으면 좋겠다는 생각을 했습니다.(17세 · 남성)

● 점장의 회답

이해해 주셔서 감사합니다. 하지만 오해의 원인을 제공하는 것은 대부분 가게나 업계의 책임입니다. 일하는 사람은 말보다는 행동의 결과로 자신의 의견을 표현해야 한다고 생각합니다. 그리고 직원들의 의견이나 생각을 쓰는 게시판 건은 제가 전체를 대표하여 회답을 쓰기 때문에 충분하지 않을까요? 앞으로도 지역의 생활이나 풍토를 좀 더 좋은 방향으로 이끌기 위해 계속해서 노력하겠습니다. 그리고 쟈스코를 위해 보내는 의견 카드는 어떤 내용이라도 대환영합니다.

■ 고객으로부터

친애하는 점장님께.

상담 카드를 읽고 있으면 매우 즐거워요. 점장님의 답장 방식이 정말 노련한 것 같습니다. 앞으로도 쟈스코의 좋은 미나가타 점으로 남아 주세요.(15세 · 여성)

● 점장의 회답

드디어 저의 기술을 인정해 주시는 분이 생겼나 봅니다. 저로서는 매우 기쁜 일입니다. 제가 답장을 쓰는 원칙은 다음과 같습니다.

첫째, 감사할 것. 어떤 내용의 의견이라도 일부러 시간을 들여서 보내 주시는 것은 호의가 있다는 것을 말합니다.

둘째, 내용을 100회 정도 읽을 것. 이 정도 읽으면 글을 쓴 사람의 인격이 눈에 훤히 보일 정도로 알 수 있습니다.

셋째, 대화를 즐길 것. 언어의 주고받음을 통하여 깊은 교류를 나누고 싶습니다.

의견 카드에 회답을 쓴 것이 예전에 썼던 것까지 합치면 벌써 2,900장에 이릅니다. 그 사이에 아마도 조금은 단련이 됐나 봅니다. 그리고 항상 유머 감각을 잊지 않도록 노력하고 있는데 그것이 많은 도움이 된 것 같습니다.

　　사람은 누구나 남으로부터 칭찬을 받고 싶어 한다. 하지만 자신의 직책이나 임무를 망각한 채 타인의 눈을 지나치게 의식하여 무책임한 행동을 해서는 안 된다. 자신이 내뱉은 말에는 항상 책임이 따르기 때문이다. 그러므로 항상 진실되고 겸손하게 회답해야 한다. 귀가 따끔한 말을 해주는 고객을 잃는 것이야말로 가장 큰 손실이기 때문이다.

제6장
홍콩은 특별한 곳입니까?

30화

홍콩에서는 잘될 리가 없어요

의견 카드 공개때의 에피소드

"홍콩에서는 의견 카드 시스템 같은 게 잘될 리가 없어요. 여기는 일본이 아닙니다."

홍콩의 현지 직원으로부터 제일 먼저 들은 말이다. 1998년 3월 29일, 아직 눈이 녹지 않은 아오모리를 뒤로하고 처음 만난 홍콩. 일본과는 극과 극인 30도의 기온에다, 습도가 90퍼센트나 되는 열풍이 지배하는 도시여서 더욱더 강렬한 인상을 받았다. 내가 45세의 나이에 홍콩으로 가게 된 것은 1997년 오스트리아의 아드레드에서 개최한 '아시아 소매업 대회'에 참가한 것이 계기가 되었다. 아드레드에서 뜻밖에 재회한 쟈스코 스토어즈 홍콩의 당시 사장으로부터 콘힐 점 개장을 맡아 달라는 말을 들었다. 하지만 그 제안을 받을 때만 해도 홍콩에서 '고객 의견 카드' 제도를 실시할 것이라고는 생각지도 못했다.

콘힐 점은 쟈스코 스토어즈 홍콩 제1호 점으로 13년 전에 개점하여 '달러 박스' 역할을 하고 있는 곳이다. 홍콩은 동경의 반 정도의 넓이에 6,800만 명 이상이 살고 있지만, 지역에 돌산이 많아 주택지는 전체의 17퍼센트에 불과하다.

콘힐 점은 매일 저녁 시간대와 일요일이 특히 혼잡하다. 이 시간대는 곧장 걸어서 원하는 곳으로 갈 수 없을 정도로 복잡하지만 홍콩 고객은 대수롭지 않게 여긴다. 폐장 시간이 가까워지는 밤 10시경에도 인산인해를 이루며, 계산하는 고객이 평일 2만 명, 일요일 3만 명에 달한다. 매일 밤이 '특별 초대전'을 방불케 하고 입점 고객은 일요일에 대략 5~7만 명이다. 약 1만 3,000평방미터(직영 부분은 8,000평방미터) 규모의 콘힐 점의 직영 부분 매출은 20억 엔 정도이며, 1개월 동안 계산을 하는 고객은 60만 명, 입점객 수만도 100만 명에 이른다.

4월에 부임하여 의견 카드 공개 제도에 대해 설명하고, 7월에 일제히 실시했다. 그 결과 1998년 7월부터 2000년 3월까지 400장의 카드를 받았다. 이후 콘힐 점은 2000년 3월부터 2개월 반 동안 내부 공사를 실시하고, 6월 말부터 전체 영업을 재개했다. 재개장 이후부터 3개월 동안 300장, 즉 매일 2~3장의 카드가 왔다. 카드가 갑자기 증가한 이유는 공사 전에 받은 고객의 건의 사항 가운데 가장 많았던 3가지—화장실 개선, 에어컨 개선, 중앙 광장에 있는 인형 시계 수리—를 모두 완벽하게 고쳤기 때문이다. 말로만 그치지 않고 약속을 정확하게 지킨다는 신뢰를 심어 준 것이 가장 큰 이유인 것 같다.

첫 번째는 화장실에 관한 것으로, 홍콩 시내에서 화장실을 찾기란 정말 힘들다. 지하철에도 화장실이 없고 빌딩의 화장실은 상점에서 열쇠를 빌려야만 사용할 수 있다. 뿐만 아니라 대형 시설에도 화장지가 없는 곳이 많아 일반 고객이 이용하는 데 많은 불편이 뒤따른다. 특히 콘힐 점의 화장실은 설비가 낡고 중앙의 한곳에만 화장지가 있다. 화장지가 필요한 고객은 그곳에서 필요한 만큼 잘라서 가야 한다. 이런 여러 가지 불편을 말끔히 해소하여 깨끗하고 안락한 분위기로 바꿨다.

두 번째 문제인 에어컨은 13년 정도 사용하여 에어컨의 기능을 거의 상실한 상태였다. 따라서 매년 여름이 되면 고객의 짜증 섞인 항의가 가장 많은 부분이었다. 하지만 수리 뒤에는 이전과는 반대로 춥다는 고충이 매일 1건씩 들어와 새로운 고민거리가 되었다.

세 번째 건은 개점 당시 중앙 광장에 수천만 엔을 들여 특수 제작한 인형 시계 건이다. 일본의 전문가를 불러야만 고칠 수 있기 때문에 그대로 방치하다가 이번 기회에 수리한 것이다.

재개장을 한 뒤로 이전보다 고객의 카드를 많이 받았지만 일본과 차이 나는 점도 많았다. 일본에서는 장난스러운 내용이나 가게에 대한 지나친 기대가 많았다. 하지만 홍콩은 자신의 권리를 주장하는 내용이 많고, 불만이 있지만 하는 수 없이 단념하는 고객은 거의 없다. 그러므로 카드를 쓰기보다는 직접 찾아오거나 신문에 투서하거나 소비자보호원에 고소하는 경우가 더 많다. 반대로 '어디서 일하는 ○○○의 ○○○씨는 이러이러한 좋은 서비스를 해주었습니다. 칭찬해 주십시오'라는 내용의 카드가 많은 것에도 정말 놀랐다. 더욱이 이름과 주소, 전화번호를 정확하게 쓴 것이 전체의 10퍼센트나 된다. 일본의 경우엔 5퍼센트도 미치지 못하기 때문이다.

카드를 받으면 내용의 사실 확인, 원인 규명, 대책 논의, 고객에게 쓸 회답 등을 논의한다. 고객의 칭찬을 받은 종업원에게는 감사장과 '50달러 현금 쿠폰'을 미팅 때 수여한다(달러는 홍콩 달러로, 당시의 환율로 계산하면 1달러에 약 15엔 정도). 반면 고충 카드의 내용이 사실일 경우 해당 종업원은 벌칙을 받는다. 그리고 경고를 2회 이상 받으면 해직 대상이 된다.

의견 카드를 실시하자 상사가 미처 몰라서 지나쳤던 것도 고객에게 직접적으로 듣게 되어 긴장감이 흘렀다. 하지만 잘못하면 '밀고'를 조장하는 분위기가 될 수도 있기 때문에 신중한 대처가 필요하다. 이 밖에 '고객이 뽑는 이 달의 최우수 종업원' 제도도 만들었다. 최우수 종업원으로 뽑히면 50달러 현금 쿠폰과 상을 받는다. 이 제도는 고객만이 선택할 권리가 있다는 것을 보여 주는 것으로 큰 성과를 거두고 있다. 상을 받은 사람은 더욱더 분발하게 되고, 나머지 사람도 상을 받기 위해 이전보다 친절하게 고객을 대하기 때문이다. 특히 계산원의 서비스 수준이 눈에 띄게 좋아졌다. 무표정한 얼굴로 인사도 하지 않고 앉아서 계산하던 이전의 모습은 찾아볼 수가 없게 되었다. 모든 고객에게 인사를 하고 고객이 산 물건을 소중하게 다루는 한층 높아진 서비스 의식으로 발전했다. 이것 역시 고객에게 적극적으로 평가를 구하여 얻은 큰 성과다.

홍콩은 특별한 곳입니까?

나는 상사와 부하가 같은 방향을 보면서 일하기를 원한다. 그렇다고 해서 상사의 얼굴색만을 살피면서 일하는 것을 바라는 것은 아니다. 서비스업에 종사하는 종업원은 고객을 상대로 임기응변을 해야 하는 경우가 많기 때문에 스스로 생각하고 판단할 수 있어야 한다.

홍콩에 있을 때는 언어 문제 때문에 직원과 직접적인 교류를 하지 못해 늘 아쉬웠다. 때로는 일방적인 지시를 통해 일을 강제로 시키는 것이 문제를 쉽게 해결하는 방법이 될 수도 있다.

하지만 고객에게는 명령하거나 강제로 시키는 것, 모두가 불가능하다. 그런 어려운 고객과 밀접한 관계를 유지하며 일하는 사람들이 바로 종업원이며 직원이다. 그러므로 가게의 신용과 평판은 고객과 직접 대하는 종업원의 태도와 마음 씀씀이에 달려 있다.

고객이 종업원을 칭찬하는 내용의 카드를 보면, 성실하게 일하는 사람에게 주는 상을 찬성하는 내용과, 고객의 기분을 잘 이해해 주고 매뉴얼 이상의 서비스를 해주는 것에 대한 감사의 마음을 쓴 내용이 대부분이다. 이러한 종업원들을 회사가 잘 보조해 주고 있다는 느낌을 받는 것만으로도 회사에 대한 신뢰

감이 생긴다. 신뢰란 사람과 사람의 마음이 통하는 가운데 생기는 것이다.

31화 왜 배달하는 사람이 없는 거죠?

배달원 도입 배경

■ 고객으로부터

매달 20일에만 배달을 해줄 것이 아니라 날마다 무료 배달을 해주세요.

＊　　　＊

이 내용은 의견 카드 제도를 시행한 지 얼마 지나지 않아서 도착한 것이다. 이 밖에도 비슷한 내용의 카드가 몇 장 더 왔다. 부임 초기여서 모든 것이 낯설고, 매장과 직원 휴게실 청소를 중점적으로 관리하던 때여서 배달 서비스까지 미처 신경을 쓰지 못했다.

상품을 배달하는 방법은 크게 2가지가 있다. 가전제품이나 대형 가구 등은 DC(Delivery Center : 배달 센터)에 재고를 보관하고 있다. 계산대와 배달 센터를 컴퓨터로 연결하여 고객이 매장에서 상품을 선택하면 재고 확인과 배달 날짜, 대략적인 시간을 바로 결정한다. DC는 홍콩 전체를 서너 개의 지역으로 나누고 요일에 따라 배달 날짜나 시간을 정하고 있다. 배달이 많은 때는 1개월에 약 1만 건 정도를 처리한다.

다른 하나는 공급 배달의 방식이다. 이 경우는 소파처럼 주문받은 물건을 생산하는 경우가 많으며 전문적인 배달 업자를 주로 쓴다. 병처럼 깨지는 물건은 배달 대상에서 제외되며, 그 밖의 물건은 유료로 배달한다. 하지만 물건을 일단 DC로 운반한 뒤에 배달하기 때문에 1주일 정도 걸리는 일이 부지기수였다. 그것을 '감사의 날'인 매달 20일에는 특별히 무료 배달 서비스를 하므로 신청자가 많이 몰린다. 대략 월 60건 가운데 50건이 20일에 있는 감사의 날에 신청한다. 이런 문제점들을 개선하기 위해 방법을 논의하자 직원들은 한결같이 부정적이었다.

직원 : "예전에 시행해 봤지만 비용이 맞지 않았습니다. 그래서 지금의 DC 배달 방식으로 통일했습니다. 굳이 바꿀 필요가 없다고 생각합니다."

점장 : "식품의 경우 이윤이 남지 않는 것은 분명한 사실입니다. 하지만 다이마루나 유니, 소고는 모두 300달러 이상일 때 무료로 배달하고 있습니다. 그런데 왜 우리만 안 된다는 것입니까?

직원 : "생각해 보십시오. 식품의 각 단가는 60달러입니다. 이익률을 20퍼센트로 잡으면 12달러가 됩니다. 반면 배달 비용은 70~80달러가 들어갑니다. 눈을 멀쩡히 뜨고 손해보는 일은 할 수가 없습니다. 꼭 하겠다면 못할 것도 없지만 경비가 만만치 않게 들어갑니다. 그래도 좋습니까?"

300달러 이상일 경우 무료 배달을 실시하여 남는 이익이 60달러일 때, 배달 배용이 70~80달러가 든다면 분명히 적자 경영이다. 이런 문제를 해결할 만한 대안이 바로 떠오르지 않아 논의를 중지했다.

그해 가을, 홍콩에 있는 일본인 초등학교 3학년 190명이 '교외 학습 - 상업과 생활'이라는 주제를 가지고 현장 학습으로 점포를 방문했다. 며칠 뒤 가르친 내용과 학생들의 질문에 대한 답변을 정리한 내용을 전 가정에 보낼 수 있도록 선생님께 부탁을 했다. 이때 쇼핑과 관련한 설문 조사도 함께 넣었다. 학교의 선생님을 통해 보낸 것이 효과를 발휘하여 70퍼센트 이상인 140장 정도의 회답을 받았다. 그 가운데 가장 많은 개선을 요구하는 사항이 '배달'이었다.

'쟈스코는 물이나 쌀, 맥주 등 무거운 물건을 운반해 주는 배달 서비스가 없다. 나는 쟈스코에서 가까운 곳에 살고 있지만, 배달을 해주지 않기 때문에 다른 곳에 가고 있다'는 글을 읽고 충격을 받았다. 고객에게 많은 불편을 주고 있다는 사실을 그제야 안 것이다. 때마침 그해 12월 31일에 다이마루가 문을 닫았다. 그 사실을 접하자, 이대로 간다면 홍콩의 일본인 슈퍼마켓은 유니가 독식할지도 모른다는 위기감이 생겼다. 그 대책 방안으로 무료 배달 서비스를 검토했다. 일의 첫 시작으로, 생선이나 고기처럼 냉장 유통이 필요한 상품만을 제외한, 잘 깨지는 병도 운반한다는 조건을 내걸었다.

"당일 영수증 합계가 290달러 이상이면 다음날부터 3일 이내에 배달해 드립니다. 배달 시간은 고객이 선택할 수 있습니다(10~1

시, 1~4시, 4~7시, 7~10시). 식품 잡화도 가능하지만 생선이나 냉동 식품은 제외합니다"라는 공고문을 붙이고 배달 서비스를 시작했다. 배달 서비스는 실시하자마자 선풍적인 인기를 얻었다. 당일 영수증 290달러라는 금액은 경쟁점에 대항하는 가격이다. 만약 고객이 우리 지점의 배달 서비스를 보고 우대 고객이 되어 1개월 동안 300달러를 구입하면 이익률은 25퍼센트, 이익은 750달러, 배달 비용은 70달러가 된다. 그러므로 배달 서비스를 4회 이용하면 280달러가 되어 최종 이익은 470달러가 된다. 이런 계산 방식을 적용하여 시행하자는 쪽으로 밀어붙였다. 이에 대해 대부분의 직원은 이용하는 고객이 없을 것이라는 예측을 했다.

하지만 결과는 정반대였다. 이용객 수는 평일 20건에서 일요일 50건으로 점점 늘어나 평일 30건, 일요일 100건으로 증가했다. 베이비 용품 이벤트가 있는 달이면 1개월에 2,000건을 넘어서기도 했다. 그리고 1인당 단가는 800달러를 넘어섰다. 이것만으로도 채산성이 충분히 남았다. 더욱이 배달 서비스를 실시한 뒤, 지금까지 홍콩 고객 1인당 최저 단가와 쇼핑 점수가 적었던 까닭이 쇼핑 물품을 들고 가기 힘들었던 데 있음을 알게 되었다. 이에 따라 경쟁 업체도 배달 서비스에 힘을 쏟기 시작했다. 이 서비스는 8개월 뒤에 쟈스코의 전 지점에 도입하여 필수 서비스가 되었다. 그 결과 콘힐 점에서는 1년 동안 1만 7,000명의 고객이 이용하여 1,500만 달러(2억 2,500만 엔)의 매출을 올렸다.

매장을 새롭게 개장한 뒤에는 배달 서비스를 1단계 높은 차원으로 끌어올리기 위한 방법을 검토했다. 이제 홍콩에서는 쇼핑 다음 날에 배달해 주는 것이 당연한 일이 되었다. 뭔가 특별하고 차별화

된 서비스를 생각하다가 '쇼핑 당일 서비스'를 개발했다. 쟈스코에서 가까운 지역으로 한정하여 오전 중에 배달을 접수하면 저녁에 배달하고, 저녁때 접수를 받으면 밤 10시까지 배달을 완료한다는 계획이다. 또한 배달 물품을 받은 뒤 종이 상자를 정리하는 것과 쓰레기가 생기는 것이 귀찮다는 고객의 의견을 듣고 배달 상자를 플라스틱 투명 상자로 교체했다. 이 결정 역시 대성공이었다. 작업이 깨끗하고 편리해져 즐거울 뿐만 아니라 상자 값도 절약할 수 있었다. 그 결과 평일 고객은 60건에서 70건으로 늘어나고, 그 가운데 30퍼센트는 쇼핑 당일 배달을 신청했다. 당일 배달의 장점은 당근이나 감자 등도 배달해 주기 때문에 고객은 식품을 신선한 상태로 받을 수 있고, 가게는 가게대로 창고에 배달 상품을 쌓아 놓을 필요가 없어 경제적으로 즐거운 일이다. 이처럼 다른 회사가 흉내낼 수 없는 서비스를 실시하여 점점 차별화시켰다.

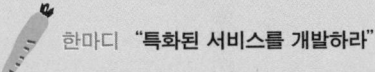
한마디 "특화된 서비스를 개발하라"

전략이란 '무엇을 하지 않을 것인가를 결정하는 것'이다. 우대 고객을 위한 특화된 배달 서비스를 통하여 홍콩의 슈퍼마켓이나 지금 진행 중인 일의 한계가 어디까지인가를 알 수 있었다. 그리고 경쟁의 치열함에 대해서도 새롭게 인식하는 계기가 되었다.

홍콩은 '복사 천국'으로 불릴 정도로, 누군가 새로운 것을 시도하면 곧바로 베끼는 일이 다반사다. 눈 깜짝할 사이에 '원조'가 바뀌는 것이다. A회사가 할인 쿠폰을 실행하면 다음 주에는 B회사가 'A회사의 쿠폰은 저희 점포에서도 사용할 수 있습니다'라는 내용의 전단지를 돌린다. 콘힐 점은 배달 서비스를 실시하여 연간 4만 명, 3,000만 달러(4억 5,000만 엔)의 매출을 올리고 있다. 하지만 질적인 측면을 살펴보면 아직도 개선해야 할 부분이 많이 있다.

32화

영업을 좀 더 빨리 시작해 주세요

'아침 영업 시간의 확대'에 도전

■ 고객으로부터

"쟈스코는 아침 개점 시간이 늦어서 쇼핑하는 시간이 부족합니다."

"10시 30분쯤에 가도 상품이 진열되지 않을 때가 많아 불편합니다. 저는 점심때까지 장보기를 마쳐야 합니다."

＊　　　　＊

홍콩의 생활 패턴은 밤을 중심으로 돌아간다. 밤 10시 30분의 폐점 시간에도 수백 명의 고객이 점 내에 있기 때문에 토요일 밤에는 11시가 되어야 겨우 문을 닫을 수가 있다. 반면 아침은 10시 30분에 개점하지만 고객은 많지 않다. 다른 백화점도 모두 아침 10시 개점을 하고 있지만 전문점은 11시에 개점하는 곳도 있을 정도로 아침 영업에는 그다지 관심이 없다. 나 역시 아침 영업에 대해 특별한 흥미를 가졌던 것은 아니며, 콘힐 점의 공사 문제를 논의할 때 결정한 사항이다. 이때 논의된 것은 수리했을 때 성공하는

3가지 조건 — 매장 면적의 확대, 영업 기회의 확대, 주차장 대수의 확대 — 을 어떻게 실현할 것인가 하는 문제였다.

먼저 매장을 늘리는 문제는 임대 면적의 제한과 두꺼운 기둥, 계단, 난간 등이 많아서 간단하지 않았다. 결국 1층 식품 창고에 있던 직원 탈의실을 4층 창고로 옮기고 판매 효율이 높은 식품 매장을 넓혔다. 또한 통로를 넓히고 높이 제한을 두어 시각적으로 편하고 신선하게 느껴지도록 했다. 주차장 문제는 그랜드 프라자호텔의 800대 주차 공간에서 일반 개방이 가능한 400대 정도를 혜택 받아 무료 주차 쿠폰을 고객에게 제공했다. 두 번째 조건은 배달 서비스를 확충하여 1인당 단가가 높은 고객을 확보했으므로 주차장 대수의 확대와 같은 효과를 얻는 것으로 생각했다. 그리고 영업 기회의 확대는 연간 3회 휴무와 매일 밤 10시 30분까지 근무하는 환경에서 아침 영업을 앞당겨야 한다면 분명한 이유를 밝혀야 했다. 하지만 직원들은 이미 몇 번이나 시도했지만 모두 실패했다며 반대했다.

홍콩은 시장이 발달하여 생활하기가 아주 편리한 곳이다. 콘힐 점만 해도 가까운 곳에 100여 개의 점포가 있다. 활어나 고기 등은 필요한 만큼 저울에 달아서 팔며, 닭도 바로 눈앞에서 잡아 손질해 준다. 그리고 야채도 매우 풍부하다. 이런 이유로 대부분의 고객은 식품 재료를 날마다 구입한다. 그러므로 이 시장에는 냉장고가 필요 없으며 그날의 물량을 모두 팔면 문을 닫는다. 이곳 시장에서만도 무려 5,000억 엔이 넘는 돈이 회전되고 있다.

반면 콘힐 점의 매출은 3,500억 엔이지만 식품 부문이 아닌 그 밖의 물품에서 나오는 매출이 대부분을 차지한다. 그만큼 생선이나 야채 부문은 시장이 독점하고 있었다. 더욱 놀라운 것은 홍콩 가계의 식비 지출 가운데 생선이 60퍼센트 이상의 금액을 차지한다는 사실이다. 시장은 아침 7시에 가게를 열고 7시 30분부터 야채 가게를 중심으로 붐비기 시작한다. 8시 30분쯤에는 고객이 늘어나 9시부터 9시 30분이 되면 최고 절정에 이른다. 그 상태는 고객이 가장 많은 쟈스코의 저녁 시간대와 비교해서 별 차이가 없다. 11시가 되면 거의 끝나지만 오전 중에만 3,000명 이상의 고객이 야채 중심의 장보기를 한다.

이처럼 실제의 아침 시장은 별 볼일 없는 것이 아닌 아주 거대한 시장이었다. 콘힐 점은 아침 10시 30분에 열지만 고객에게 그 시간은 아침이 아닌 것이다. 아침 10시 30분에, 그것도 상품이 제대로 진열되지 않은 상태에서 개점하는 가게는 고객에게 별 도움이 되지 않는다는 사실을 이번 조사로 알게 되었다. 또한 7시 30분에 개점하는 슈퍼마켓은 12시까지의 매상이 하루 전체의 30퍼센트나 차지한다는 통계도 얻었다.

시장 조사 결과를 토대로 '가깝게 사는 고객의 상권에서 시장 점유율과 고객의 시장 점유율을 높이고 고객의 생활에 공헌한다. 이를 위해 아침부터 밤까지 식품 매장을 영업한다. 효율성만을 중시하지 않고 최대 성과를 위해 노력한다'는 새로운 전략을 설정했다. 그리고 2000년 1월 1일부터 개점 시간을 실험적으로 1시간 앞당겼다. 그러자 식품뿐만 아니라 의류나 주거, 여가 부문에도 큰 효과가 나타났다. 결국 1시간, 즉 9시 30분부터 10시 30분까지의 시간대 매출은 이전의 10시 30분부터 12시까지의 매출에 육박했다. 10시 30분 이후는 더욱더 큰 효과를 보여 영업 시간을 1시간

늘린 것이 매출 상승에 크게 기여한다는 사실을 증명한 셈이다. 이에 따라 연간 10퍼센트의 매출이 늘어나 내부 공사의 초점도 여기에 맞춰서 식품 매장을 확대했다.

　슈퍼마켓의 사명은 고객의 식탁을 지키고 식생활에 공헌하는 것이다. 얼마 전까지만 해도 효율성이나 생산성을 최우선 과제로 여겼지만, 이제는 사명을 달성하는 동시에 최대 성과를 올리는 것이다. 공사가 끝난 1개월 뒤에는 150퍼센트의 매출 신장을 기록했으며, 그 뒤에도 130퍼센트의 신장을 지속적으로 유지했다. 여러 가지 요인이 좋은 결과를 낳았지만, 고객의 생생한 의견 카드가 없었다면 효율성만을 최고의 가치로 여기던 종전의 시각에서 벗어나지 못했을 것이다.

　나는 지금도 홍콩에서 의견 카드 제도를 실시할 수 있었던 것을 큰 행운으로 생각하고 있다. 일본에만 있었더라면 고객의 의견이나 고충을 접수했을 때 업계의 습관이나 종래의 방식 때문에 개선이 불가능하다고 생각하여 포기하는 일이 많았을 것이다. 홍콩에서 같이 일하던 직원들은 '불가능해, 무리야. 고객의 이기적인 생각일 뿐'이라며 진지하게 생각하지 않았다. 하지만 홍콩의 상황이나 규칙을 잘 알지 못했던 나는 '왜 이런 의견이나 요망 사항이 오는 것일까?' 하는 시선으로 다시 한번 생각해 보는 기회를 가진 것이다. 그리고 고객의 의견을 접하면서, 고객이나 다른 경쟁점은 무척 빠르게 변화하고 발전한다는 사실을 간과한다는 것을 깨달았다. 불황일 때 홍콩으로 부임했기 때문에 오히려 고객에게 여러 가지를 배웠는지도 모른다. 고객의 제안이나 불만의 원인을 파악하지 못하면 그 점을 재빨리 눈치챈 사람에게 보이지 않는 기회를 빼앗기게 된다. 오늘날은 기업의 규모나 자금력보다는 '아이디어'와 '스피드'가 훨씬 필요한 시대라는 것을 기억해야 한다.

부 록

상담 카드 회답 공개 제도의 개요

□ 목적

고객의 의견이나 고충에 반드시 답장을 드리겠다는 고객과의 5 가지 약속을 구체적으로 실천하고, 정보를 공개적으로 볼 수 있는 기업이 되는 것이다. 점포를 구성하는 소매업은 지역 산업일 뿐만 아니라 고객이 모이는 커뮤니티 기능의 역할도 해야 한다. 상호 의사 소통을 통하여 고객과의 거리를 좁혀 나가야 가게나 기업에 대한 이해와 신뢰를 높이는 일도 가능해진다. 이것은 상업적인 차원에서 보면 최대의 전략적 무기가 될 것이다.

□ 기본 자세

의견을 낸 고객은 100명의 고객을 대신하는 대표로 간주한다. 카드에 쓰여 있는 내용이 사실인지 아닌지, 고객이 그렇게 느꼈는지 아닌지가 중요하며 표현 능력의 좋고 나쁨은 문제 되지 않는다. 또한 고객의 요구를 진지하게 생각하지 않고 쉽게 받아들여 고객에게 거짓말을 한 것처럼 되지 않도록 주의해야 한다. 만약 고객과 의견 차이가 발생하여 고객의 기대나 요망에 부응하지 못할 때는 회답을 통하여 확실한 이유를 반드시 설명해야 한다.

상품 요망에 대해서는 '당장 눈앞에서 곤란을 겪는 고객에 대해 이온 그룹의 힘을 사용해서라도 해결할 수 없을까' 하는 생각으로 연구해야 한다. 잘 팔리지 않아 진열할 수 없는 상품이라면 특별 주문하도록 한다. 요망 사항에 부합하여 고객이 만족을 얻으면 그 몇 배에 달하는 즐거움을 얻을 수 있다.

우리들의 관리 능력 부족에 의한 상품의 가격 변경이나 없어지는 물건의 손실은 연간 수억 엔에 달한다. 반면 상담 카드에 드는 비용은 매우 저렴하다. 고객의 희망 상품이 쟈스코뿐만 아니라 다른 점포에도 없을 경우에는 쟈스코의 담당 점포에서 물건을 확보해야 한다. 상점은 지역과 고객을 위해 존재하는 것이다. 점장은 고객과 함께 지역을 만들 책임이 있으므로 고객의 의견이나 지혜를 빌려서 행동해야 한다. 고객에게 회답을 보낼 때는 기계적으로 쓰기보다는 자신이 쟈스코의 사장이라면 어떻게 생각하고 판단할 것인가의 시점에서 결론을 내는 것이 좋다.

'고객을 무안하게 하지 않는다' 는 카드 공개 시스템의 기본 목표에 속한다. 무안한 내용은 고객마다 모두 다르다. 그렇기 때문에 고객 개개인의 마음을 이해하지 않으면 이런 것들은 알 수가 없다. 고충은 보석을 캐는 산과 같다. 고객의 고충을 해결해 주면 고객은 지금 이상으로 쟈스코의 팬이 될 것이다.

□ 효과

• 고객에게 좋은 점

1. 자신의 의견을 다른 사람에게 나타낼 수 있다.

2. 자신의 정당성을 표현할 수 있다.

3. 쟈스코의 생각하는 방식에 대해 알 기회가 생긴다.

4. 구체적인 회답을 들을 기회가 생긴다.

5. 다른 사람의 생각을 알 수 있는 기회가 생긴다.

6. 자신의 생각이나 아이디어를 실행할 기회가 생긴다.

7. 의견 교환이 가능하다.

8. 불만을 발산할 수 있다.

9. 의견을 말할 수 있으므로 마음에 여유가 생긴다.

10. 어린아이도 어른 대접을 받을 수 있다.

11. 익명으로 의견을 말할 수 있고 회답도 받을 수 있다.

12. 친한 친구 같은 기분을 점장과 공유할 수 있다.

• 종업원에게 좋은 점

1. 고객의 의견을 직접 알 수 있는 기회가 생긴다. 간접적으로
   주의를 받으면 고객의 의견인지 상사의 감정 섞인 짜증인
   지를 몰라 진심으로 듣지 않지만, 이제는 납득할 수 있다.

2. 점장이나 회사의 사고방식을 알 수 있다. 비슷한 고충이 있

을 때 대응하는 방법을 터득할 수 있다.

3. 문제가 발생하지 않도록 미리 대처할 수 있다. 다른 부문의 사례 연구에서 구체적이고 객관적으로 배울 수 있다.

4. 회사의 짜임새에 원인이 있을 경우 개선할 수 있다. 간혹 종업원의 의견은 무시하는 경향이 있지만 고객의 의견이라면 들어주는 경우가 많다.

5. 고객은 질문이나 요망 사항을 카드로 보내고 회답을 반드시 받을 수 있다.

• 점포에 좋은 점

1. 고객의 사고방식이나 가치관을 알 수 있는 기회가 생긴다.
2. 가게의 좋은 점과 나쁜 점을 고객에게 배울 수 있다.
3. 개선할 수 있는 아이디어를 배울 수 있다.
4. 다른 곳의 정보를 알 수 있다.
5. 고객과 점포 간에 신뢰가 깊어진다.
6. 고객은 '고맙고 무서운 존재' 라는 것을 종업원에게 가르칠 수 있다.
7. 점장이 없어도 방심하지 않고, 눈앞의 고객에게 최선을 다하는 풍토를 만들 수 있다.
8. 고객의 의견을 중요하게 생각하는 분위기를 만들 수 있다.
9. 현실에서 생긴 문제를 고객의 시점에서 판단할 수 있다.
10. 고객과의 거리가 좁아진다.

11. 종업원에게 회사의 방침을 알릴 수 있다.

12. 문제를 해결할 때 부하가 순순히 협력해 준다.

13. 다른 곳과 차별화가 된다.

14. 지역의 고객에게 의사 소통의 장소를 제공할 수 있다.

15. 고객의 입소문이 강력한 무기가 되어 단골 고객이 늘어난다.

• 회사에 좋은 점

1. 고객의 구체적인 의견을 알 수 있다.

2. 지역의 격차를 알 수 있다.

3. 큰 사고를 미연에 방지할 수 있다.

4. 일의 짜임새가 부족한 곳을 회사 전체적으로 파악할 수 있다.

5. 점포의 강점과 약점을 파악하고 비교할 수 있다

6. 사회의 흐름을 알 수 있다.

7. 본사와 지점 사이의 정보와 인식의 격차를 좁힐 수 있다.

8. 점장의 업무 능력을 확인할 수 있다.

9. 다른 기업과의 차별화를 꾀할 수 있다.

10. 고객과 대화하는 능력을 갈고 닦을 수 있다.

옆의 안내문은 여러 곳에 설치한 '고객 의견 상자'에 붙이고 설명도 곁들였다. 볼펜과 전용 카드를 놓고, 카드는 매일 회수하고 있다. 회답 게시판은 식품 계산대 뒤쪽 기둥에 가로 90센티미터 세로 60센티미터의 판 2장을 아래위로 붙였다. 상단에는 '고객과

∾∾∾ 고객 안내문 ∾∾∾

　당 점포를 항상 찾아 주시고 이용해 주셔서 진심으로 감사드립니다. 쟈스코는 고객에게 보다 나은 만족을 드리기 위해 고객의 의견이나 질문에 모두 회답을 드리고, 많은 고객에게 정보를 공개하는 것에 대해 이해와 협력을 부탁 드리고자 합니다. 따라서 고객이 보낸 카드를 공개적으로 게시하는 것을 양해해 주십시오. 하지만 사생활 등에 관한 사항은 최대한 배려하도록 하겠습니다. 회답은 월요일부터 일요일까지 1주일 동안의 내용을 담아서 그 다음 주일에 공개하겠습니다. 내용에 따라서는 회답이나 게시가 늦을 수도 있습니다. 기본적으로 모든 의견 카드에 회답하는 것을 원칙으로 하지만, 미풍양속이나 인권 등에 위배되는 내용에 대해서는 공개적인 회답을 하지 않을 수도 있습니다. 회답 게시판은 1층의 식품 계산대 뒤쪽 기둥에 설치하겠습니다. 그리고 문서로 받은 것은 문서로 회답하는 것을 기본 원칙으로 하지만, 내용에 따라서는 전화로 회답하거나 직접 대하고 말씀 드리는 일도 있습니다. 마지막으로 카드는 집에서 쓸 수 있으며, 팩스나 수신자 부담 전화를 이용하는 방법도 있습니다. 여러분의 많은 참여를 바랍니다.

　팩스 : ○○○○-○○○○

　수신자 부담 전화 : ○○○-○○○○-○○○○

　본사의 수신자 부담 전화 : ○○○-○○○○-○○○○

　점장 : ○○ ○○

의 5가지 약속'과 회답 제도의 취지, 점장의 사진이 붙어 있다. 하단에는 고객의 카드를 직접 복사한 것과 점장의 회답을 나란히 게시한다. 모두 9장을 붙일 수 있으며, 나머지 카드는 번호를 붙여 파일로 정리해 둔다. 종업원용에는 그 주에 온 모든 카드를 복사하여 종업원 통로의 게시판에 게시해 둔다. 카드에 주소와 이름을 적은 고객에게는 회답을 집으로 직접 보낸다.

□ 회답을 쓰는 포인트

1. 사생활을 배려한다. 이름이나 주소, 전화번호 등은 일부를 보이지 않게 한다. 종업원을 지적할 때도 마찬가지다.

2. 사실을 확인하고 원인을 찾는다. 관계자를 확인할 때는 카드를 복사해서 주거나 증거를 보인 뒤에 조사한다.
   원인을 찾았을 때는 대책을 상담하며, 점장이 직접 사실 확인을 한다.

3. 전화번호와 주소가 적혀 있을 때는 내용에 따라 전화로 연락하거나 감사의 말을 적어서 보낸다. 기본적으로는 엽서로 답장을 보낸다.

4. 점장은 관내의 영업 활동에 모든 책임을 지겠다는 각오가 필요하다.

5. 어린아이의 의견이라도 정중히 받아들여야 한다. 카드에 써 있는 내용은 100명의 고객을 대표하는 것이다.

6. 고객은 알 권리와 들을 권리가 있다. 따라서 항상 설명해야

할 의무가 있음을 기억하고 최대한 정중하게 설명한다. 필요
에 따라서는 자료도 준비한다.

이온 그룹과 쟈스코는 어떤 곳인가?

이온 그룹은 2001년 2월 현재 자본금 490억 3,500만 엔, 점포 수 372개, 종업원 수 6만 456명의 종합 소매업에 주력하고 있는 기업이다. 치바 현 치바 시에 위치한 이온 그룹의 첫 발자국은 1926년 9월로 거슬러 올라간다. 그 뒤 1970년에 설립한 쟈스코 주식회사에서 2001년 8월 21일에 이온(AEON) 주식회사로 사명을 변경했다.

이온 그룹은 지금까지의 소매 사업에서 벗어나 GMS(General Merchandise Store), 슈퍼마켓, 약국, 금융 서비스 사업 등으로 규모를 확대하고 있다. 진출 지역도 중국, 말레이시아, 타이, 미국 등 세계 전역으로 뻗어나가는 중이다. GMS 사업 부문의 매출은 일본 국내 2위, 슈퍼마켓과 약국, 홈 센터의 매출은 1위를 달리고 있으며, 쇼핑 센터는 일본 내에서 최대 규모를 자랑한다. 이온 그룹은 이러한 규모의 장점을 최대한 살려 그룹의 시너지 효과를 높이고,

세계적인 수준의 글로벌 기업으로 도약하기 위해 노력하고 있다.

특히 편의점 사업 부문에서는 1990년 6월 한국의 대상 그룹과 기술 제휴하여 24시간 편의점인 '미니스톱'을 설립했다. 이온 그룹은 고객을 원점에 둔 '평화 산업' '인간 산업' '지역 산업'을 그룹 이념으로 삼고 있으며, 특히 '고객과의 5가지 약속'을 제1의 기업 가치로 표방하고 있다.

고객과의 5가지 약속

1. 저희들은 언제나 청결한 매장과 밝은 미소로 손님을 맞이하겠습니다.
2. 저희들은 가치 있는 상품을 풍부하게 갖추어 놓고 저렴한 가격으로 제공하겠습니다.
3. 저희들은 구매하신 상품에 대해 만족하지 못할 경우에는 언제나 교환이나 환불을 해 드리겠습니다.
4. 저희들은 고객이 보내 주시는 의견에 대해서는 반드시 답장을 하도록 하겠습니다.
5. 저희들은 '좋은 기업 시민'을 목표로 사회 환원 활동을 적극적으로 추진하겠습니다.

해외 사업으로는 1985년 말레이시아 1호점을 시작으로 타이, 홍콩에서 GMS의 점포 전개를 개시했다. 각국의 유통 근대화와 생활 문화의 향상, 나아가 평화롭고 풍부한 사회 만들기에 공헌하고 싶다는 취지 아래 지역의 고객으로부터 사랑받는 가게 만들기를 추진하고 있다. 또한 경영의 현지화를 꾀하는 것과 동시에 각국의 성공 사례를 일본 내에 수평 전개하여 경쟁력의 향상에 노력하고 있다. 그 결과 홍콩의 쟈스코 스토어즈가 홍콩 증권거래소에, 말레이시아의 쟈야 쟈스코 스토어즈가 콸라룸푸르 증권거래소 메인보드에 상장했다.

어떻게 좀 해봐요, 점장님!

쟈스코 식품 재료 박람회 포스터

한국의 매력을 가득 느껴 보세요

'겨울 한국 페어' 개최에 대해서(일시 : 2002년 1월 9일)

1월 12일(토)~14일(월) 동안 전국의 쟈스코 직영 점포에서 매력 넘치는 한국의 식품 재료를 모아 한국의 식생활 문화를 고객에게 제안하는 '겨울 한국 페어'를 개최합니다.

이에 대해 안내 말씀을 드립니다.

이 페어는 이온 그룹과 협력 관계에 있는 한국의 대상 그룹과 제휴하여 개최합니다. 여러 종류의 김치를 비롯한 고추장이나 나물 등 한국의 맛을 느낄 수 있는 기회가 될 것입니다. 특히 김치찌개나 해물탕, 돼지 갈비 등 가정에서 손쉽게 만들 수 있는 한국 요리를 소개하며, 각 요리마다 관련 식품 재료를 모아 선보일 예정입니다.

또한 아래의 17개 점포에서는 한국 농수산물유통공사의 협력을 받아 전, 김치찌개, 된장찌개 등을 직접 만들어 보는 '한국 요리 교실'을 개최합니다.

당사는 고객의 생활 향상을 위해 여러 가지 라이프 스타일의 제안이나 정보 제공에 노력하고 있습니다. 이미 이탈리아나 영국 페어 등 세계 각국의 페어를 실시하여 가치 있는 상품을 소개하는 데 몰두해 왔습니다. 이번 페어도 국내 주재 한국 대사관의 후원을 받아 1999년 10월 첫 개최 이래, 올해로 5번째 실시하고 있습니다.

한국 영화나 패션, 한국인 여행자의 증가 등으로 일본 내에서 일고 있는 '한국 붐'은 일상생활 속에서 한국이나 한국인을 한층 긴밀한 존재로 느끼게 합니다. 이온 그룹은 이번 페어를 통해 고객들에게 활력과 건강이 넘치는 한국의 식품을 소개하여 식생활 문화를 통한 일본과 한국 간의 친선 도모와 경제 교류를 계속해서 추진하도록 하겠습니다.

❧ 겨울 한국 페어의 개요 ❧

1. 실시 기간 : 1월 12일(토)∼14일(월)

2. 실시 점포 : 이온(주)의 쟈스코 직영 점포 268개 점

3. 매상 목표 : 약 5억 엔(작년 대비 약 140%)

4. 주된 상품 : 대상 고추장(120g) 298엔

            톱 밸류 김치찌개(300g) 168엔

            톱 밸류 한국 김(8절 · 8매×9봉) 398엔

5. '한국 요리 교실'에 대해서

    실시 기간 : 1월 12일(토)~14일(월)

    소개 메뉴 : (1) 전   11 : 00~

              (2) 김치찌개   14 : 30~

              (3) 된장찌개   17 : 00~

점 명	소재지	점 명	소재지
리후 점	미야기 현	미카와 점	야가타 현
이온 나리타 점	치바 현	미나미스나 점	도쿄 도
카와구치마에천 점	사이타마 현	사가미하라 점	카나가와 현
니이가타동 점	니가타 현	나고야 미나토 점	아이치 현
욧카이치 오비라 점	미에 현	메이와 점	미에 현
두의 리 점	이시카와 현	사큐평 점	나가노 현
도성의 남쪽 점	교토 부	히네노 점	오사카 부
타카사고 점	효고 현	강히메지 리버 시티 점	효고 현
코치 점	코치 현		

어떻게 좀 해봐요, 점장님!

초판 1쇄 인쇄 2002년 3월 25일
초판 1쇄 발행 2002년 3월 30일

지은이 다카하시 스스무
옮긴이 진준희
펴낸이 양동현

펴낸곳 도서출판 아카데미북
출판등록 제 43-193호
주소 서울 성북구 동소문동 4가 152-1 청기와1차 303호
대표전화 02)927-2345 **팩시밀리** 02)927-3199
이메일 academybook@hanmail.net

ISBN 89-87567-88-5 13320

잘못 만들어진 책은 바꾸어 드립니다.

NANTOKASHITEYO TENCHOUSAN!
ⓒ SHIN TAKAHASHI 2000

Originally published in Japan in 2000 by KANKI PUBLISHING INC..

Korean translation rights arranged through TOHAN CORPORATION, TOKYO and ERIC YANG AGENCY

Korean translation copyright ⓒ 2002 by Academybook